北近畿

最道地的日本

跨出京阪神，深遊關西北部
祕境絕景、美食溫泉

京都旅人
林亦峰——著

前言

到北近畿體驗最原汁原味的日本

北近畿在哪裡？熱愛日本旅遊的旅人，對京阪神、東京、北海道等地一定不陌生，但是提到「北近畿」，了解其美麗的人卻甚少，甚至對於位置也不太有概念，其實它就在我們很熟悉的地區。

「近畿」一詞是從古代的行政圈「畿內」變化而來，「畿」指首都圈，也就是京都，近畿則為鄰近首都圈的地方，也是大家愛去的關西地區。而「北近畿」就是關西地區的北部。本書所介紹的北近畿主要為兵庫縣北部的但馬、京都府的丹後、福井縣的若狹這三大地區，再加上一些兵庫和京都中間的丹波地區，及自古就和福井的敦賀關係緊密的滋賀縣長濱市。

北近畿的丹後半島、小濱、敦賀是古代日本對外通商、文化交流的重要據點，當時從中國及朝鮮半島引進稻作或工藝等技術，可說是日本古文明的起源地，歷史地位重要。

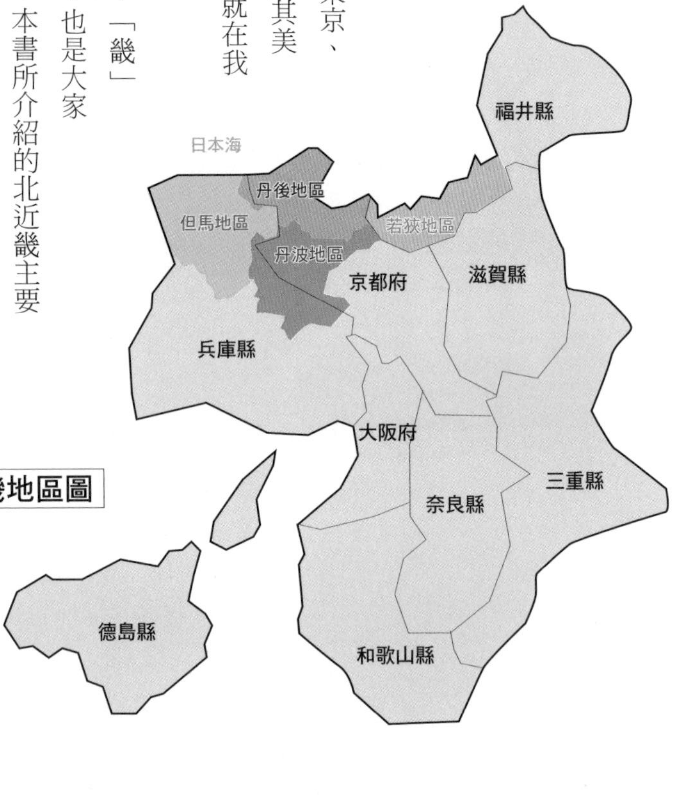

北近畿地區圖

1 夏天的天橋立，風和日麗，陽光和煦溫暖。
2 大雪的天橋立，靜寂之下，美得令人屏息。

北近畿的夏天最熱鬧

北近畿中的但馬、丹後、若狹這三大區域有許多共通之處，最漂亮的季節都在夏天，也是觀光旺季。夏季的日本海海水清澈且風浪小，沿海有許多海水浴場，是日本人很喜愛的陽光度假地點，帶著泳衣前來享受海水浴是一個不錯的主意。冬天則受到來自北部的氣流影響，海浪洶湧且天氣變化快速，出門時最好隨身帶把傘。不過冬季也可品嘗肥美松葉蟹，幸運時還能見到動人雪景。

而從京都府丹後市一直到兵庫縣北部的豐岡市、香美町、新溫泉町這一帶，屬於聯合國教科文組織認證的世界地質公園「山陰海岸地質公園」內，擁有豐富的地形、地質景觀，生活於其中的人文、風土也是欣賞重點。

3 山陰海岸地質公園 日和山海岸。
4 山陰海岸地質公園 琴引濱。

1 無論走到哪裡，都能找到生猛現撈的海鮮丼！
2 日本著名牛肉品牌——但馬牛。
3 冬季限定美味——松葉蟹。
4 近江牛也是不能錯過的日本牛。
5 鯖魚是北近畿相當重要的漁獲之一。

不可錯過海鮮、牛肉、鯖魚

北近畿全域臨近日本海，區域內的美食絕對離不開生猛海鮮、牛肉、鯖魚這三大關鍵字。總體來講，因鄰近漁場，海鮮相關美食種類相差不大，主要特色就是新鮮！兵庫的但馬牛和滋賀的近江牛是日本著名的品牌牛肉，料理變化不少，最有人氣的當屬牛排或牛排丼；小濱的鯖魚街道相當有名，從舞鶴一直到長濱都可以看到各式鯖魚料理，只要選擇一間氣氛喜歡的店家進去品嘗即可。冬天景色雖不若夏天壯麗，但松葉蟹、鰤魚、河豚是冬季限定的美味。

輕鬆征服北近畿美景

北近畿的知名景點幾乎均可用「關西廣域鐵道周遊券（JR-WEST RAIL PASS）」抵達，或是從大站轉乘巴士，不過需計算交通轉乘時間，建議初次挑戰探索北近畿的旅人在安排行程時，先以當地最知名的景點為中心，再逐次安排周邊景點。本書也會針對景點較多的區域，依我個人前往的經驗提供行程建議以及建議停留時間，讓旅人在規畫時能有更多參考依據。不過像湯村溫泉、伊根、熊川宿等單點型觀光地就不會特別介紹路線，因為這些地方並沒有很大，通常半天之內可以逛完全區，只要按自己的步調悠閒漫步就好。

書中有許多祕境絕景，目前鮮少觀光客前往，適合不喜歡人擠人的旅人。不過這些祕境的交通便利度又比北近畿知名景點難度更高一些，比較建議已在日本自助旅行多次、了解日本交通規畫的朋友前往。

由於城鄉差距增大及少子化影響，北近畿地區發展受到不小衝擊，但也因如此，北近畿保留相當完整的風土人情及地理景觀，在此看見的風景，都是最原汁原味的日本風情，已是日本大都市少見，就讓我們一起來探索擁有眾多絕景與美食的北近畿吧！

熊川宿為單點型觀光地，最適合在此恣意閒晃。

認識JR關西廣域鐵道周遊券

暢遊北近畿，最推薦的主要移動手段就是JR的「關西廣域鐵道周遊券（JR-WEST RAIL PASS）」，這張周遊券原本無法進入京都北部（如天橋立地區），但在二○一七年四月十日改版後，擴大了可使用區域。

除了三方五湖，其他地區都可用電車或電車轉一次巴士的方式移動，只要曾有日本自助旅行的經驗，相信可以輕易上手。不過，北近畿的大眾交通便利性還是不如京阪神等都會區，若錯過一班車，通常需要再等一小時或更久，出發前最好先確認好連接的車班，到達後也再次於現場確認，以免錯過車班無法銜接行程。

除了JR關西廣域鐵道周遊券，也可依行程安排與天數，選擇包含關西北部的「關西&廣島地區鐵路周遊券（五天）」、「關西&北陸地區鐵路周遊券（七天）」等JR PASS，不但能遊覽北近畿景點，還能延伸到更遠的廣島、北陸，來趟不一樣的關西旅行。

JR 關西廣域鐵道周遊券可使用範圍。（圖片來源：JR 西日本）

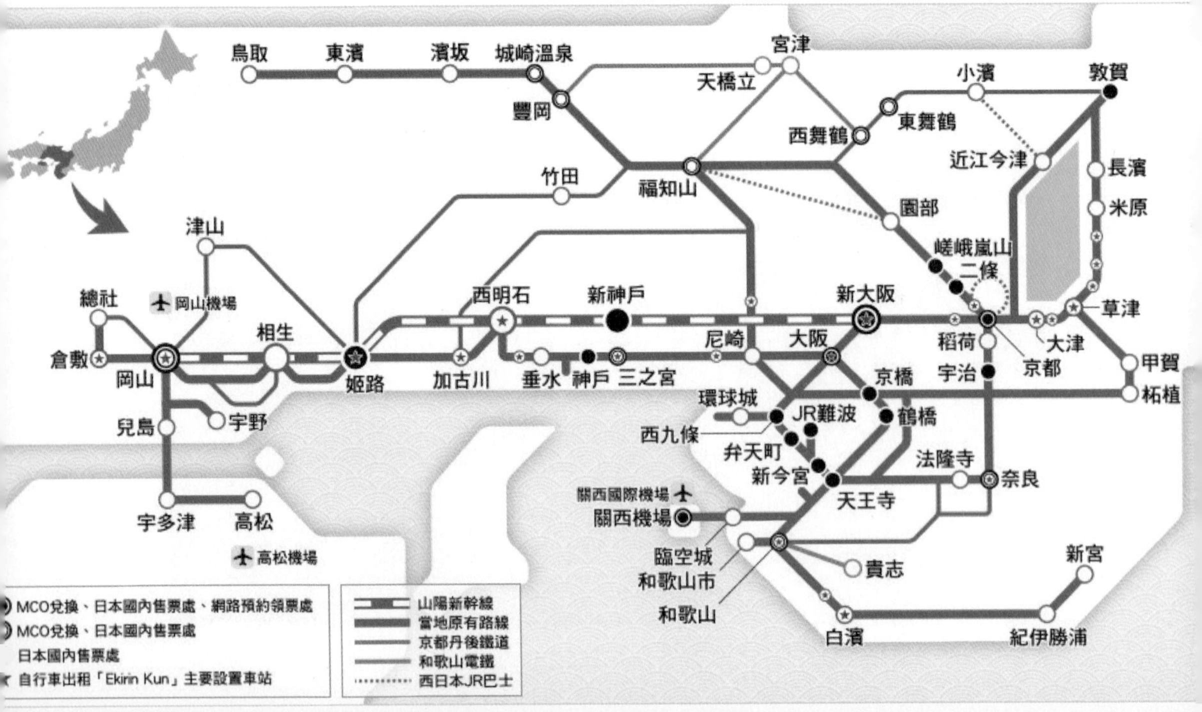

關西廣域鐵道周遊券

購買資格：僅限持有日本國之外的政府發行的護照，擁有符合「短期停留」的居留資格之旅客。

票價：國外購買 ¥9000、日本國內購買 ¥9500；兒童（6～11 歲）為半價。

使用有效期間：5 天

使用範圍：

- 大阪、京都、神戶、奈良、姬路及岡山 倉敷、和歌山（包含能遇見小玉站長的貴志站）白濱、城崎溫泉、滋賀 · 敦賀、天橋立、鳥取。
- 不限次數搭乘山陽新幹線（包含 NOZOMI 號 MIZUHO 號在內的新大阪～岡山區間）及區域內的超特急列車（特急列車）快車（快速）當地列車（普通列車）、西日本 JR 巴士、京都丹後鐵道、和歌山電鐵的普通車廂非指定座席（普通車自由席）
- 注意：無法使用東海道新幹線（新大阪～京都區間的新幹線）。

購買方法：

一、可在日本國以外的旅行社購買兌換證，享有「早鳥折扣價格」。入境日本後，於 JR 西日本的指定車站兌換周遊券正本。兌換時需出示兌換證及護照。

二、可於網站（有英文、繁體中文、簡體中文），在開始使用日的 27 天前～2 天前申請。但需注意，預約表格僅能以英文輸入。

英文：www.westjr.co.jp/global/en/

繁體中文： www.westjr.co.jp/global/tc/

簡體中文： www.westjr.co.jp/global/sc/

入境後，於領取指定車站出示護照、預約申請完成郵件，並支付費用即可購買。注意：若未於開始使用日（若於開始有效日預約普通車廂指定座席（普通車指定席），則為預約的第一班列車發車 30 分鐘前）之前領取，將自動取消。

三、可於在「JR-WEST RAIL PASS」區域內的主要車站及主要旅行社購買。需出示護照。

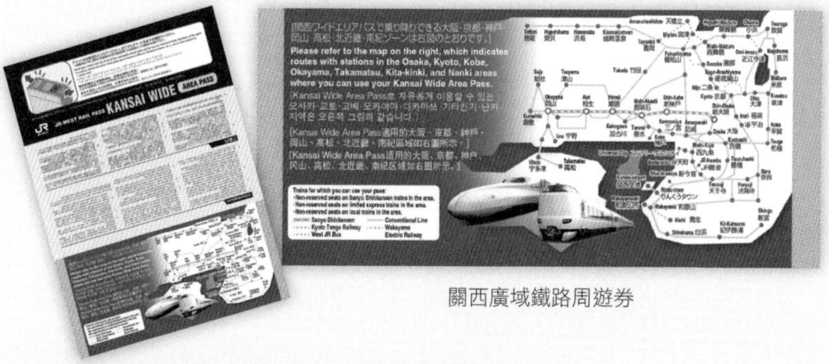

關西廣域鐵路周遊券

（＊以上文字及圖片均經 JR 西日本旅客鐵道公司同意轉載自官網。）

輯二
京都府
丹後地區

輯三

福井縣
若狹地區

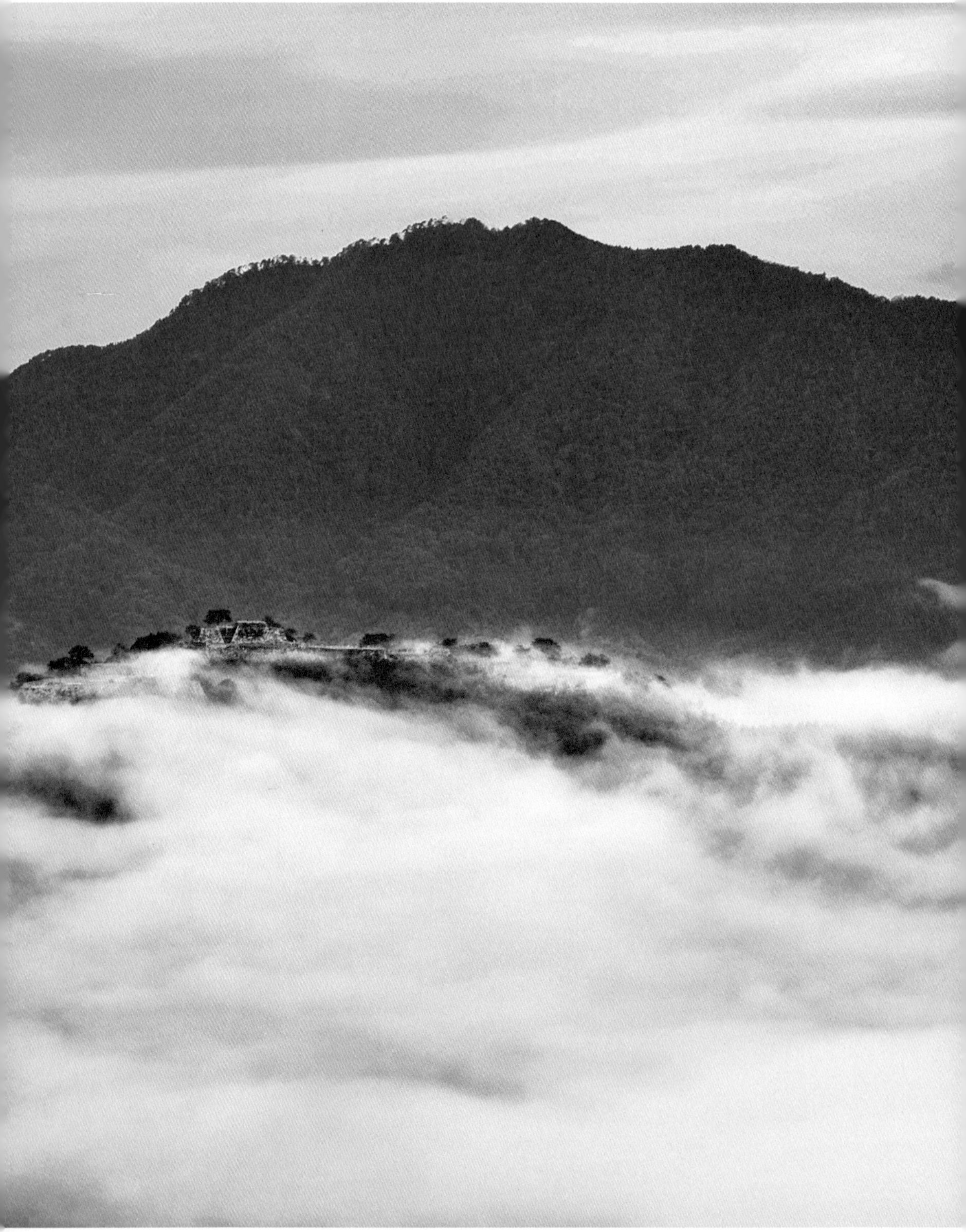

輯一

兵庫縣
但馬地區

但馬地區位於兵庫縣北部，範圍不大，卻擁有豐富的歷史文化，走在出石老街上彷彿回到武士時代；來到城崎溫泉鄉，更是身、心、靈皆療癒。而天空之城「竹田」，也從雲霧繚繞中探頭，歡迎你的到來。

城崎溫泉

已有一千三百年歷史的城崎溫泉，自平安時代起即為知名的溫泉地，江戶時代時更有「海內第一泉」的美稱。以大谿川為中心的溫泉街上有七外湯（意即有對外公開的溫泉），街道景觀也很有特色，身著浴衣走在垂柳夾岸的街道上，欣賞石橋及街景，感受閒適氣氛。每年十一月六日～三月二十日的松葉蟹產季也能品嘗各式松葉蟹料理，既放鬆身心也一飽口福。

1

2

行程推薦

3 小時散步路線：城崎溫泉車站→藥師公園口袋公園→城崎溫泉纜車→溫泉寺、城崎美術館→七外湯擇一泡湯去→城崎溫泉車站

交通資訊

可使用 JR 關西廣域周遊券，於京都或大阪搭乘城崎號特急列車（きのさき号），直達城崎溫泉站下車，車程約 2.5 小時。

1 大谿川兩旁垂柳夾岸。
2 穿著浴衣步行在溫泉街上，相當有氣氛。
3 一之湯。
4 一之湯外設有足湯，與「海內第一泉」石碑。

七外湯

即然來到「海內第一泉（日本第一溫泉）」的城崎溫泉，最重要的事當然是泡溫泉囉！城崎溫泉內有御所之湯、一之湯、鴻之湯、地藏湯、柳湯、曼陀羅湯、里之湯等七外湯。各家的使用費用不同，平常日也會輪休，想一次泡全七外湯，最好挑週六、日前來。

一之湯

城崎溫泉七大外湯之中人氣屬一屬二，江戶中期的中醫香川修德所著的《藥選》，將一之湯的泉質評為天下第一。入口是氣勢十足的唐破風，內部則是用天然岩石堆砌的洞窟式溫泉。一之湯旁的小亭子，立有放射線醫學專家藤浪剛博士所書「海內第一泉」的石碑，是城崎溫泉最具代表性的外湯。

御所之湯

與一之湯相同，是城崎七外湯中的人氣溫泉，外觀仿京都御所建成。玻璃屋頂的室內大浴池連接室外的築山瀑布式溫泉，開放感絕佳。據說後堀河天皇的姐姐安嘉門院曾在這裡泡過溫泉，而被稱作「御所之湯」。

鴻之湯

此湯得名傳說是因為鴻鳥（コウノトリ，東方白鸛）在這裡泡溫泉療傷，讓人發現這裡有溫泉，因而被稱為鴻之湯。入口處立有鴻鳥的銅像。這裡的位置在七外湯中離車站最遠，但也相對安靜。室外溫泉是簡樸的庭園風，在此泡湯有如置身於山中溫泉。

曼陀羅湯

曼陀羅湯（まんだら湯）在七外湯之中規模較小，

相傳為溫泉寺開山的道智上人曼陀羅經過一千日祈願完成後湧出的溫泉水。這裡也是城崎溫泉體驗「古式入湯」的地方。

所謂的「古式入湯」是溫泉寺自古流傳下來的泡溫泉正式流程，作法是先到溫泉寺參拜道智上人，付志納費兩千日圓後，拿著寺方授予的湯杓到曼陀羅湯，先在溫泉湯壺前念誦：「沐浴身體、當願眾生、肉外清淨、身心無垢。」再念三遍：「南無道智上人、南無觀世音菩薩、南無藥師如來。」念完後，拿湯杓舀溫泉漱口，再將溫泉水從頭上淋下，接著靜心進入溫泉之中，結束後將湯杓還給寺廟。

不過現在考量到衛生問題，並不鼓勵漱口，原本要還給寺廟的湯杓也成為古式入湯的紀念品，使用後不需歸還。

曼陀羅湯下午三點才開始營業，當天來回城崎溫泉的人可以來這裡挑戰拿第一位入浴的「一番札」。

1 御所之湯。
2 鴻之湯。
3 曼陀羅湯。
4 古式入湯的湯杓已經成為特別的紀念品。

柳湯

柳湯起源於從中國西湖移植過來的柳樹下湧出的溫泉，室內的檜木香氣是最大特色，但也因位於不通風的室內，這裡的溫泉溫度是七外湯中最高的，入湯前最好先試一下泉溫，不要勉強入浴。

地藏湯

門口放置了一座顯眼的大石燈籠，整體建築也以燈籠為設計元素，窗戶則是象徵玄武岩的六角型，是七外湯之中最現代的設計。

里之湯

JR城崎溫泉車站出口左側即為里之湯（さとの湯），雖然外觀復古，但其實是二〇〇一年才新建的溫泉設施，內部裝潢和浴槽都非常現代。大浴場分為和風和洋風，男湯、女湯的位置每天交換使用，屋頂有視野良好的展望式露天溫泉。一樓入口旁有可以免費使用的足湯，想打發等車的時間，就來泡泡足湯、體驗一下吧！

1 柳湯。
2 地藏湯。
3 里之湯。
4 里之湯外的足湯。

外湯一日券

如果在城崎溫泉住宿，就可免費使用七外湯，泡個過癮！但如果是當天來回的一日遊，又預計要享受兩個以上的溫泉，建議可購買城崎溫泉外湯一日券。要是選在週末假日、七外湯均開放的時候前來，全泡過一輪最多可省下三千四百日圓，實在划算，更是喜愛泡溫泉人士的一大福音！

七外湯有一個有趣之處，就是各外湯每天第一位進場的客人（男女各一名）可以拿到一個第一名紀念木牌「一番札」，對早起有信心的朋友歡迎挑戰。當天來回的旅客也可以到比較晚開的柳湯或曼陀羅湯碰碰運氣。

泡湯前還是要請大家特別注意，每

1

個人對溫泉熱度的忍耐度不同，若覺得超過自己能忍受的熱度，請不要勉強入湯。室外溫泉會比室內溫泉的溫度低幾度，移動到室外溫泉也是不錯的選擇。

城崎溫泉外湯一日券

1日ぐるっと、入り放題　城崎温泉外湯めぐり券

🔒 七外湯（營業時間販售）、城崎溫泉課（8：30～15：15）

$ ¥1200；小學生以下 ¥600。

七外湯資訊一覽表

外湯名	費用	外湯開館時間	公休日
一之湯	¥600	07：00～23：00	週三
御所之湯	¥800	07：00～23：00	第 1、3 個週四
鴻之湯	¥600	07：00～23：00	週二
地藏湯	¥600	07：00～23：00	週五
里之湯	¥800	13：00～21：00	週一
柳湯	¥600	15：00～23：00	週四
曼陀羅湯	¥600	15：00～23：00	週三

1 城崎溫泉的迷人夜景。
2 城崎溫泉元湯。
3 免費足湯可休息、泡腳。

藥師公園口袋公園

溫泉寺山門前有個小巧的公園「藥師公園口袋公園（藥師公園ポケットパーク）」，這裡可看到從岩石中源源不絕湧出的泉源「城崎溫泉元湯」，元湯旁親切的設置了足湯區，讓想休息一下的旅客可以在此泡泡腳，放鬆一下。

2

3

1. 公園內的「茶屋」，在城崎溫泉街上也有分店。
2. 元太也愛上的牛肉包子！
3. 快來親手煮溫泉蛋吧！

這裡也是親手體驗做「溫泉料理」的小天地。公園內的小賣店「茶屋（城崎ジェラートカフェChaya）」可以買到在地生雞蛋，將生雞蛋浸在溫泉十分鐘左右，就會變成美味的半熟溫泉蛋囉。

除了雞蛋，茶屋的牛肉包子也是值得一嘗的好滋味。牛肉包子的肉使用但馬牛，在卡通《名偵探柯南》的「城崎溫泉篇」中，元太也在這裡買了牛肉包子，是讓元太也感動的美味呢。

- 兵庫縣豊岡市城崎町湯島 642
- 0796-29-4858
- 9：30～17：30
- 生雞蛋（3 個）¥300；牛肉包子 ¥300。
- JR 城崎溫泉站出發，步行約 15 分鐘。
- www.kinosaki-motoyu.com/

城崎溫泉纜車

如果想去大師山山頂或溫泉寺本堂走走，搭乘纜車是最便利的選擇。纜車位於大師山山腳下、藥師公園口袋公園附近，分別會停留山腰的溫泉寺站和山頂站。除了購買來回票券，也有販售「四

- 兵庫縣豊岡市城崎町湯島 806-1
- 0796-32-2530
- 9：10～16：50；第 2、4 個週四公休。
- 溫泉寺來回 ¥560；四分之三 ¥750；山頂來回 ¥900。開運瓦片：3 枚 ¥250，可在茶屋內購買。
- JR 城崎溫泉站出發，步行約 15 分鐘。
- kinosaki-ropeway.jp/

搭乘纜車的票券選擇多元，可自行安排上、下山行程。

1 山頂的觀景茶屋可俯瞰市街。
2 搭配甜點，享受美景。
3 將瓦片丟中紅色圈圈，就能祈求好運。
4 溫泉寺奧之院。

3

4

分之三行程的票券」，可以先搭纜車到山頂，再搭纜車到溫泉寺本堂後，步行下山，票券選擇相當靈活。

山頂有觀景茶屋、觀景臺以及奧之院，纜車出口處即可看見茶屋咖啡店，可在此休息、吃點甜品，窗邊的座席還能俯瞰整個市街，視野遼闊。茶屋上面的山頂觀景臺更能眺望整個城崎溫泉街、圓山川和日本海，天氣好的話還能看到丹後半島。溫泉寺奧之院正前方可以丟擲開運瓦片，將瓦片丟中圈圈，就能祈求好運。

1

2

3

溫泉寺、城崎美術館

西元七三八年時由道智上人開基建寺，本尊供奉十一面觀音，自古即守護著山下的溫泉鄉。溫泉寺境內廣大，可略分為山下的藥師堂、山腰的本堂、山上的奧之院三區。

山腰的本堂建於十四世紀後期，是但馬地區最古老的木造建築，與本堂的觀音一起被指定為國家重要文化財，城崎溫泉古式入湯的湯杓就是來此取得。

本堂附近的城崎美術館主要保存溫泉寺寺寶及地方出土的文化財，到本堂參拜時，不妨來此欣賞一下文物。

1 溫泉寺入口雪景。
2 位於山下的藥師堂。
3 往本堂的登山步道。
4 位於山腰的本堂。
5 本堂與其中供奉的觀音均為重要文化財。
6 城崎美術館收藏許多溫泉寺寺寶。

- 兵庫縣豊岡市城崎町湯島 985-2
- 0796-32-2669
- 9：00～17：00；第 2、4 個週四公休。
- 本堂 ¥300；城崎美術館 ¥300；本堂、城崎美術館共通券 ¥400。
- JR 城崎溫泉站出發，步行約 15 分鐘可到藥師堂；走步行參道約 15 分鐘或搭乘城崎溫泉纜車至「溫泉寺站」下車，即可到本堂。
- www.kinosaki-onsenji.jp/

城崎麥草細工傳承館

城崎的傳統工藝品「麥草細工」，是將染色後的麥草切割後，再黏貼到容器或用品上的精緻手工藝，色彩鮮豔且富含光澤，至今已有近三百年歷史。城崎溫泉將白壁倉庫改建成展示館，館內展示從明治時代到現代的作品約兩百四十件，也可觀賞製作麥草細工的過程影片，除了欣賞作品，也可以親手體驗製作「麥草細工」，可以製作明信片、書籤，甚至風鈴、鑰匙圈等，製作過程約半小時內就可以完成，會是獨一無二的紀念品。

1

1 細工的工具和染色的麥草。
2 可欣賞許多職人製作的麥草細工藝品。
3 體驗製作麥草細工，將紀念品帶回家吧！

- 兵庫縣豊岡市城崎町湯島 376-1
- 0796-32-0515
- 9：00～17：00（最後入館 16：30），每月最後一個週三、年末年初公休。
- 大人 ¥300、學生 ¥200；手作體驗 ¥400 起。
- JR 城崎溫泉站出發，步行約 10 分鐘。
- www.kinosaki-spa.gr.jp/information/info/migiwara.html

2

3

城崎文藝館

城崎溫泉自古即受到文人喜愛，鎮內隨處可見文學碑，在城崎文藝館裡更收集了造訪過城崎溫泉的文人墨客遺跡。館內分為免費區和付費區，免費區在一樓最外側，販賣書籍並介紹城崎溫泉歷史；一樓內部和二樓是付費區，常設展可看到曾造訪城崎溫泉的日本作家志賀直哉的文物，不定期舉辦的企畫展則以現代的作家為主，如萬城目學、湊佳苗等現在頗受歡迎的作家，都曾在此展出。如果對日本文學家有一定認識，你一定會逛得饒有興味。

館外設有免費足湯，沒有入館也可以使用，路過的話也可以來泡個腳、放鬆身心。

1 館內收藏許多造訪過城崎溫泉的文人墨客遺跡。

2 城崎文藝館的紀念品設計頗具質感。

3 文藝館外的足湯。

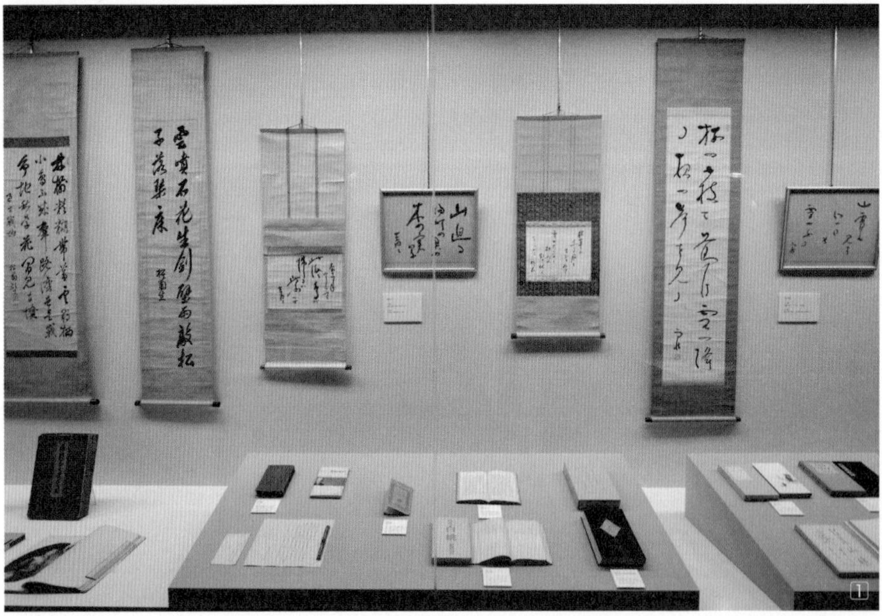
1

兵庫縣豐岡市城崎町湯島 357-1

0796-32-2575

9：00～17：00（最後入館 16：30），每月最後一個週三、年末年初公休。

大人 ¥500、國～高中生 ¥300、小學生以下免費。

JR 城崎溫泉站出發，步行約 5 分鐘。

www.kinobun.jp/

城崎海洋世界

離城崎溫泉市街地約十分鐘車程，緊鄰日和山海岸的城崎海洋世界水族館（城崎マリンワールド），擁有日本國內最深、達十二公尺的大水槽，不過因水槽四周的鋼骨結構影響，視覺上的魄力略有不足，如果去過大阪海遊館或京都水族館，可能會對這裡的水槽壯觀度感到小小失望。

雖然如此，仍不減城崎海洋世界互動體驗的豐富精采，除了常見的海豚、海獅和海象表演，旅客也可以和這些可愛動物一起玩遊戲、合拍紀念照，若額外付費，還能和海豚一起游泳，是這裡的最大特色，深受孩子喜愛，非常適合親子同遊。

1 日本最深的大型水族箱。

2 城崎海洋世界的海豚表演和動物互動體驗相當豐富。

- 兵庫縣豊岡市瀬戸 1090
- 0796-28-2300
- 9：00 ～ 17：00（最後入園 16：30）；7/20 ～ 8/30 營業到 18：00。
- 大人 ¥2470、學生 ¥1230、3 歲以上幼兒 ¥620。
- JR 城崎溫泉站搭乘巴士，車程約 10 分鐘。
- marineworld.hiyoriyama.co.jp/

日和山海岸的壯闊海景。

日和山海岸

城崎海洋世界旁有一處奇岩滿布的溺灣式海岸「日和山海岸」，沿岸設有散步道，可在此欣賞遼闊壯麗的海岸景致，尤其以日出、日落時分最為夢幻。

日和山最有名的地方當屬距離海岸約七百公尺、有「龍宮城」之稱的「後之島（のちがしま）」，根據地方傳說，浦島太郎就是在這裡打開乙姬所贈送的玉手箱。

浦島太郎的故事相信大家並不陌生，大意是浦島太郎救了海龜後，被請到海中的龍宮城。離去前，乙姬公主將玉手箱送給浦島太郎，浦島太郎回到陸地上後，打開盒子變成老人的民間故事。其實除了後之島，日本各地都有類似傳說。浦島太郎的故事最早出現於《丹後國風土記》、《日

本書記》、《萬葉集》等古書中，其中以《丹後國風土記》的記載最為詳細，被認為是浦島太郎故事的原型。而丹後伊根町內的浦嶋神社（宇良神社），就是祭祀浦島太郎的地方。

因為不可考的部分太多，於是各地都拿來當成自家故事，才會有這麼多浦島太郎出現，變成許多地方的觀光題材。除了浦島太郎，像是奉秦始皇之命尋找長生不老藥的徐福、平安時代的女歌人小野小町等，都常出現在各地故事中，衍生出相關景點，為地方創造故事性。

1 浦島太郎打開玉手箱的後之島。
2 日出與日落時分都相當美麗。

兵庫縣豊岡市瀬戸
JR 城崎溫泉站搭乘巴士於「日和山」站下車，車程約 10 分鐘。

到城崎溫泉吃什麼？

三國

來到日本和牛的故鄉——但馬地區，當然不容錯過美味的但馬牛！城崎溫泉有不少餐廳提供但馬牛料理，但如果想找專賣店，「三國」是城崎溫泉唯一的但馬牛專賣店。

三國由旅館三國屋所經營，位在別館「小宿　緣」的二樓。這裡的牛肉是直接向但馬牛飼育地的「上田畜產」買入，牛肉為A4到A5等級的高級肉品，在此可一次品嘗到牛排、牛排丼、炸牛排、牛肉咖哩、涮涮鍋等多樣化的牛肉料理，絕對讓你大呼滿足。

1 三國的牛肉均選用 A4 到 A5 等級的高級肉品。
2 不只牛排、牛排丼，各種牛肉料理都可品嘗到。

- 兵庫縣豊岡市城崎町湯島 219
- 0796-32-4870
- 午餐 11：00～14：00；晚餐 18：00～20：30。
- 牛排丼 ¥2800；牛排 ¥4800 起。
- JR 城崎溫泉站出發，步行約 5 分鐘。
- mikuni.koyado.net/

城崎町家 地啤餐廳 Gubigabu

Gubigabu 是老舖溫泉旅館「山本屋」直營的地啤餐廳（地啤的意思為本地釀造的啤酒），主打城崎在地生產的啤酒及與融合城崎啤酒的創意料理，餐點以西式為主，也能吃到但馬牛料理。

城崎啤酒有空、川、海、雪四個主題，各口味都有其特色。「空」是搭配任何食物都適合的一般口味；「川」的口味清淡、香氣濃，適合不喜歡苦味的朋友；「海」和「川」剛好相反，酒色成琥珀色、帶有苦味；「雪」則適合搭配螃蟹、魚類、火鍋等料理。

1 在地生產的啤酒搭配西式下酒菜，十分對味！
2 也能吃到但馬牛做的牛排丼。

- 兵庫縣豐岡市城崎町湯島 646
- 0796-32-4545
- 11：30～22：00（最後點餐 21：30）；週四、第 3 個週三公休。
- 但馬牛丼 ¥2700；生火腿起司鬆餅 ¥860；地啤 ¥500 起；調酒式啤酒 ¥700。
- JR 城崎溫泉站出發，步行約 10 分鐘。
- www.gubigabu.com/

GEO CAFE

隸屬城崎海洋世界、位於日和山海岸旁的GEO PARK，內部空間明亮開闊，休憩空間可以不受天氣影響，欣賞海岸的不同變化。附設的GEO CAFE有用竹野海岸的海水製成的海鹽冰淇淋以及但馬牛漢堡，可以在此一邊用餐、一邊享受無敵海景。

兵庫県豊岡市瀬戸 1090
0796-28-2300
9：00 ～ 17：00（最後入園 16：30）；7/20 ～ 8/30 營業到 18：00。
JR 城崎溫泉站搭乘巴士，車程約 10 分鐘。
marineworld.hiyoriyama.co.jp/installation/geopark

1

2

1 室內空間開闊明亮，欣賞海景不畏風雨。
2 清爽的但馬牛漢堡。

來城崎溫泉住哪裡？

大西屋水翔苑

水翔苑並非位於城崎溫泉最熱鬧的車站附近，雖然位置較偏遠，但好處是晚上相對安靜。水翔苑的建築是以一個大型日式庭園為中心而建的新和風數奇屋樣式，從大廳休息處、部分房間或走廊都可以看到這座庭園。大廳有提供免費的自助式咖啡及茶飲，可在此悠閒的聊天或觀賞庭園景色。館內設有大浴場，晚上不想出門的話，能直接到大浴場享受溫泉。

二樓的和式房間是標準的榻榻米十疊，房間內設有衛浴設備，每間可入住二到五人。一樓的房間則是六到十二疊之間，也有洋室房，符合不同客人需求。城崎溫泉的旅館及飯店不少，從低價位到高等級都有，可依預算決定入住類型。這裡也十分習慣接待外國人旅客，在訂房方面算是北近畿最容易的地方。

1 水翔苑內部空間環繞大型日式庭園。
2 從房間俯瞰庭園，是另一種有趣的角度。
3 大浴湯。
4 露天溫泉。
5 房間可入住 2 ～ 5 人。

兵庫縣豊岡市城崎町桃島 1256
0796-32-4571
$ 根據季節以及不同住宿方案，詳細費用請見官網。
JR 城崎溫泉站出發，步行約 15 分鐘；於城崎溫泉站搭乘旅館免費接駁巴士，車程約 5 分鐘。運行時間為 12：30 ～ 18：00。
@ www.suisyou.com/

更進一步

玄武洞

玄武洞公園位於豐岡和城崎溫泉之間，內有大量六角柱狀玄武岩，在山陰海岸地質公園中是相當重要的存在，石材「玄武岩」的命名就源於此處。一八〇七年，當時的學者柴野栗山將此處命名為玄武洞；一八八四年，東京大學的小藤文次郎博士將此種石材命名為玄武岩；一九三一年時，京都大學松山基範博士則在此發現了南北極磁極反轉的現象。

看過玄武洞石頭的人可能不少，到過玄武洞的人應該不多。這裡的玄武洞並非天然，原是此地區的採石場，一九二五年北但馬大地震，讓包含玄武洞及著名的城崎溫泉在內的北但馬地區嚴重受創。現在城崎溫泉大谿川

1

旁的石垣，就是使用玄武洞公園坍方的石頭堆砌而成。

玄武洞公園除了玄武洞，現在還有青龍洞、白虎洞、南朱雀洞、北朱雀洞等以四神名字命名的洞穴。整個公園約花一小時即可逛完，有時間別忘了繞過來看看喔。

1 玄武洞就是「玄武岩」的命名由來。
2 青龍洞。
3 大谿川旁用玄武岩砌成的的石垣。

兵庫縣豊岡市赤石 1339

0796-22-8111

前往這裡的巴士實在太少，建議從 JR 豊岡站搭計程車約 7 分鐘，車資 ¥3000；或從城崎溫泉騎自行車約 20 分鐘即可到達。

www.kinosaki-spa.gr.jp/information/info/genbudou.html

出石

日本有不少風情類似京都的「小京都」，而兵庫縣北部的出石町，富含城下町特有的氣氛，有「但馬的小京都」之稱，這裡也是國家指定的「重要傳統的建物群保存地區」。

出石最有名的就是蕎麥麵，蕎麥原先出產於長野，但江戶時代有互換領地與領主的規矩，因此長野縣的蕎麥麵職人跟隨領主來到

交通資訊

從京都、大阪出發需時約 3 小時，搭乘城崎號特急列車（きのさき号）至 JR 豐岡、江原、八鹿站下車，轉乘全但巴士到出石站，巴士車程約 30 分鐘，車資約 ¥600。

全但巴士一日券 ZENTAN GREEN Pass

全但バス ゼンタン　グリーンパス

外國旅客只要出示護照，就可在全但巴士主要營業所購買外國人專用的全但巴士一日券「ZENTAN GREEN Pass」。JR 豐岡站或城崎溫泉站附近都有全但巴士的營業所，或向觀光諮詢處詢問。

這張一日券適用豐岡市全路線的巴士（不含特急巴士或社區巴士），除了市中心，也可到城崎溫泉、出石等地。要前往出石，這張票券是最好選擇。要注意的是，雖然這張一日券雖然也可到城崎溫泉地區，不過所需時間比電車長，如果發車時間差不多，建議持有 JR Pass 的朋友搭電車前往城崎溫泉會更省時。

🏠 全但巴士豐岡營業所：兵庫県豊岡市大手町 4–5
全但巴士城崎營業所：兵庫県豊岡市城崎町湯島 76

$ ¥500

🚗 JR 城崎溫泉站出發，步行約 5 分鐘。

@ www.zentanbus.co.jp/green_pass/

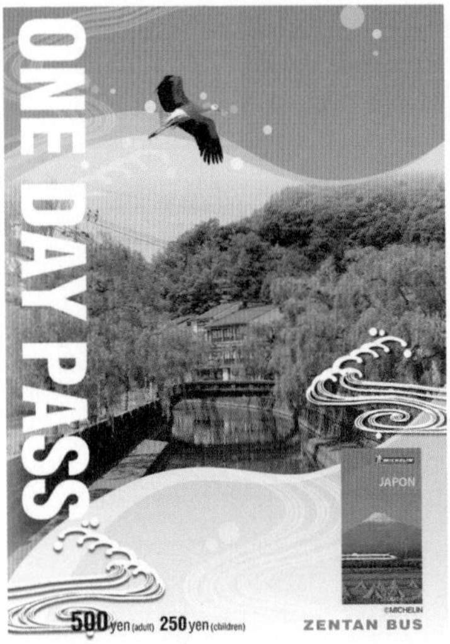

行程推薦

3 小時散步路線：出石巴士站→出石城跡→辰鼓樓→宗鏡寺→廣江屋跡石碑→出石巴士站

兵庫的出石，從此蕎麥麵在出石生根，讓出石搖身一變成為關西地區蕎麥麵最有名的地方。來到出石，除了感受濃濃的城下町氣氛，不會對蕎麥過敏的朋友一定要試試這個在地美食。

出石城現在被整理成登城橋河川公園。

出石城跡

出石町在室町時代（一三三六～一五七三）時，曾是山名一族的根據地，守護大名（領主）山名時義於出石神社北側建築「此隅山城」後，出石成為當時但馬國的中心，相當繁榮。山名時義的孫子山名宗全更在應仁之亂時，成為統領西軍的總大將。

現在的出石城，是江戶時代的領主小出吉英在一六〇四年時，將位於山上的有子山城遷到山腳

1

下，並命名為「出石城」。直到在明治時代頒布廢城令，出石城被拆除，石垣及護城河則保留下來。目前出石城的本丸和隅櫓是於一九六八年復原，登城門和登城橋也在那時所建，目前登城橋附近已經整理成登城橋河川公園。

三十七座並排的朱紅色鳥居與白色城壁的對比美，是出石城的特色之一，穿過城跡旁的鳥居，可通往山上的有子山稻荷神社（城山稻荷）的鳥居，是眺望出石的好地方，從這裡俯瞰，能感受到濃濃的江戶時代城下町氣氛。有子山稻荷神社旁的山路通往山上的史蹟有子山城，步行約需一小時，不過登山步道整備沒有很好，不建議單獨前往。

1 三十七座朱紅色鳥居與白色城壁的對比美，是出石城一大特色。
2 穿過鳥居，就來到有子山稻荷神社。
3 從有子山稻荷神社可俯瞰出石町。

豊岡市出石町内町
0796-52-4806
從全但巴士出石營業所出發，步行約 5 分鐘。
www.izushi.co.jp/

辰鼓樓

講到出石，通常馬上會聯想到兩件事，一是蕎麥，另一個就是出石的地標兼象徵——辰鼓樓。位於主要道路大手通上的辰鼓樓，於一八七一年建成，建築位於舊大門手的櫓臺上，高度近二十公尺，初代的時鐘是一八八一年時由醫師池口忠恕所捐贈，是日本最古老的鐘臺之一，現在的時鐘已經是第三代的時鐘。

辰鼓樓的名字由來其實是來自江戶時代的習慣，主要說法有兩種，一說是辰之刻（七點~九點）會以鳴鼓表示城主登城；另一說法是當時的八點和下午一點會擊太鼓，下午五點則以鳴鐘聲表示時間。無論是哪個說法，「辰」刻鳴「鼓」這點是不變的。辰鼓樓直到現在還是以相同方式報時，若剛好有遇到這三個時間點，記得聆聽看看。

辰鼓樓到現在仍以古代的方式報時。

豊岡市出石町內町

0796-52-4806

從全但巴士出石營業所出發，步行約 5 分鐘。

www.izushi.co.jp/

出石家老屋敷

家老是指江戶時期的上級武士（家老級），出石家老屋敷是江戶後期引發仙石家內鬥的「仙石騷動」中心人物——家老仙石左京的舊宅。雖然外觀看起來和一般房子差不多，內部設置卻很有意思，如隱藏的二樓以及低樑柱設計，讓武士難以在室內揮舞武士刀，可預防被襲擊。

1 一探古代武士的家。
2 室內樑柱特別低是為了讓武士難以揮刀。

兵庫縣豊岡市出石町內町 98-9
0796-52-3416
9：30 ～ 17：00（最後入館 16：30）；12/31 ～ 1/1 公休；換展期間不對外開放。
大人 ¥200、高中～大學生 ¥120、中學生以下免費。
從全但巴士出石營業所步行 5 分鐘。
www.izushi.co.jp/karouyasiki/

2

伊藤清永美術館

伊藤清永美術館就在出石家老屋敷旁，伊藤清永是出石町出身的西洋畫畫家，曾獲頒文化勳章。

一九八七年，以紀念町村合併三十週年而開展的「伊藤清永」展為契機，於一九八九年正式開館，館內收藏伊藤清永從少年到晚年的許多作品。

- 兵庫縣豐岡市出石町內町 98
- 0796-52-5456
- 9：30 ～ 17：00（最後入館時間 16：30）；週三、12/28 ～ 1/4 公休；換展期間不對外開放。
- 大人 ¥500、高中～大學生 ¥300、中學生以下免費。
- 從全但巴士出石營業所步行 5 分鐘。
- www3.city.toyooka.lg.jp/itoh-museum/

永樂館

一九〇一年開館、近畿地區最古老的戲劇小屋永樂館，因電視普及化而在一九六四年一度閉館。直到二〇〇八年的平成修理後，重新對外公開。外觀和內部大多保留當時的樣子，上演的戲劇紀綠等文件、舞臺服裝也都有保存，是珍貴的歷史文物。

兵庫縣豊岡市出石町柳 17-2
0796-52-5300
9：30～17：00（最後入場 16：30）；週四、12/31～1/1 公休
大人 ¥300、學生 ¥200、中學生以下免費。
全但巴士出石營業所步行 5 分鐘。
eirakukan.com/

廣江屋跡石碑

著名的維新志士桂小五郎（後改名木戶孝允）在「禁門之變」後，曾在出石的雜貨店「廣江屋」躲藏了九個月左右，現在立有紀念碑。喜歡維新志士的朋友可以來這裡看看，感受一下當時的氛圍。

兵庫県豊岡市出石町宵田22，よしむら蕎麥麵店旁。

宗鏡寺

出石著名的寺院——宗鏡寺，原創建於一三九二年，而後一度荒廢。到了一六一六年，由澤庵和尚再興，所以也稱澤庵寺。

這裡也是每一代出石城主的菩提寺，菩提寺是指替過世的人祈求冥福的寺院，可以當城主的菩提寺為城主祈福，足見此寺的地位相當高。

寺內的「地泉庭園」據說是出自澤庵和尚之手，紅葉季節最是美麗。除了一般參拜，宗鏡寺也有坐

1 澤庵寺本堂。

2 「地泉庭園」在紅葉季節最美。

3 庭園頗有意境。
4 澤庵醃蘿蔔。

禪及精進料理的體驗。

另外，據說醃黃蘿蔔（沒錯，就是常見於雞肉飯或便當的那個）就是由澤庵和尚發明，因此日文的醃黃蘿蔔就叫「澤庵（Takuan，たくあん）」。

豊岡市出石町東條 33
0796-52-2333
9：00 ～ 16：00；12/31 ～ 1/2 公休。
一般參拜 ¥300 元；坐禪（含精進料理）¥2800。
搭乘全但巴士至「沢庵寺口」下車，步行約 10 分鐘；從出石營業所步行約 15 分鐘。
sukyoji.com/

①

出石神社

距離辰鼓樓約三公里，位在此隅山城腳下的出石神社，是但馬地區社格最高的神社，為但馬國一之宮。主祭神是天日槍命和八前大神，據《古事記》記載，新羅王子天日槍（又名天之日矛）攜帶八種寶器移居至出石，是為其起源，但詳細創建年代不詳。

現在的本殿是出石町指定文化財。從歷史角度來看，出石神社算是很有名的神社，但景色較無特殊之處，且交通較不方便，安排行程時可做參考。

1 但馬地區社格最高的神社。
2 本殿是出石町指定文化財。

兵庫縣豊岡市出石町宮内 99
0796-52-4806
全年無休
搭乘全但巴士於「鳥居」下，行約 10 分鐘；從出石營業所步行約 25 分鐘。

到出石吃什麼?

出石蕎麥麵

一七〇六年，出石城城主松平氏與信州上田城（現在的長野縣上田市）城主仙石氏互換領地，當時隨著信州仙石氏來到出石的蕎麥麵職人，以傳統的磨、打、燙三技法製作蕎麥麵，並將蕎麥麵裝盛至出石町特產的出石燒上，「出石蕎麥麵」的樣式就此成形，目前小小的出石町內就有約五十間蕎麥麵店，密集程度堪稱三步一間、五步一家，是關西地區品嘗蕎麥麵最有名的地方，可以任選一間順眼的進去吃吃看。

沾蕎麥麵用的辛香調味料除了常見的蔥和山葵，也有山芋和蛋等沾料。而除

1

了一般的蕎麥麵，這裡的店家也提供以百分之百蕎麥粉打成的「十割蕎麥麵」。吃法除了常見的沾麵，也有其他料理方式。

1 蕎麥麵人氣名店「大門」。
2 「本陣」的炸蝦蕎麥湯麵。
3 「桂」的皿蕎麥麵。

2

3

出石皿蕎麥麵巡迴錢包

出石城下町的樣貌保存相當良好，因此推出了既結合古代生活氛圍，又能品嘗美食的「出石皿蕎麥麵巡迴錢包（出石皿そば巡り巾着）」。以銅錢兌換蕎麥麵，如果你喜歡蕎麥麵，非常推薦體驗看看這種有吃又有玩的方式。

蕎麥麵巡迴錢包中有三枚「永樂通寶」銅錢，每枚銅錢可以任意到三十八間指定店家兌換三碟蕎麥麵，三枚九碟拿來當午餐份量剛好。錢包上的「無」字是仙石家的家紋，因此配合店家外都掛有「無」的袋子，很好辨認。挑三間氣氛不錯的店進去品嘗、比較看看各店的麵條粗細、顏色、口感的差異，頗有趣味。

這個錢包還可享有史料館、家老屋敷、永樂館等八個設施的折扣優惠。不過蕎麥麵巡迴錢包提供的均為冷麵，不太喜歡吃冷麵的人可能要多加考慮。

販售資訊

- 兵庫縣豊岡市出石町 町 104–7 （出石觀光中心）
- 0796-52-4960
- 10：00 ～ 17：30
- ¥1800
- 從全但巴士出石營業所步行約 5 分鐘。
- www.izushi.co.jp/sobameguri/

1

1 出石皿蕎麥麵巡迴錢包附有三枚銅錢。
2 一個銅錢可換三碟蕎麥麵。
3 配合店家門口掛有「無」字布袋。

2

3

香住

香住位於豐岡和新溫泉町間的香美町，鄰近有名的餘部鐵橋。香住是松葉蟹和紅松葉蟹（香住蟹）產地，這裡也有溫泉，冬天無疑是最佳造訪時節。香住海岸是國家指定名勝，奇岩眾多，從海上欣賞這些奇岩原是香住一大賣點，可惜的是，這裡唯一的遊覽船因觀光客日漸減少而休業，現在來此的旅客主要都是為了「吃」，近年來，官方也力推但馬牛、喉黑魚、松葉蟹等多種美味料理吸引旅客前來。若想來逛逛香住市區或到港口走走，到觀光協會租輛自行車恣意閒晃，會是最美好的遊覽方式。

交通資訊

從京都、大阪出發需時約 3 小時，搭乘城崎號特急列車（きのさき号）至 JR 豐岡站下車，轉乘到 JR 香住站，車程約 30 分鐘。

香美町香住觀光協會自行車租賃資訊

- 兵庫縣美方郡香美町香住區七日市 1-1
- 0796-36-1234
- 9：00 ～ 17：00
- 第 1 小時 ¥200、之後每小時 ¥100；一日 ¥500。
- kasumi-kanko.com/

大乘寺

如果對日本繪畫有興趣，非常推薦到大乘寺走一遭。大乘寺是在西元七四五年由行基和尚開山，現在屬於高野山真言宗派。從山門前的樓梯進入境內，首先會看見據說樹齡已有一千兩百年的巨大樟樹迎接前來的客人，境內幾乎全被綠蔭環繞，空氣相當清新。

大乘寺境內雖沒有特別的庭園造景，但寺內收藏了江戶中期的大畫家「圓山應舉」與其弟子所繪的襖繪作品共一百六十五面，全數被列為國家重要文化財，相當壯觀，因此大乘寺也有「應舉寺」之稱。為了保護文化財，寺內禁止攝影，但寺方官網提供電子檔案可觀看，若無法親自前來，也可看一下電子檔過過癮。

1 香住車站上方掛著大大的螃蟹，就算第一次造訪，也能馬上清楚這裡的特產。
2 山門旁 1200 歲的大樟樹。
3 本堂。

- 兵庫縣美方郡香美町香住區森 860
- 0796-36-0602
- 9：00 ～ 16：00（最後進入時間是 15：40）
- 大人 ¥800；小學生 ¥500
- 從 JR 香住站步行約 20 分鐘，搭計程車約 5 分鐘。
- www.daijyoji.or.jp/main/

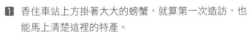

到香住吃什麼？

Café Plaju

Café Plaju（ブラージュ）是旅館夕香樓「しょう和」附屬的輕食店，磚牆建築位在海灣旁，頗有歐洲風情，可就著美麗的海景喝個下午茶。

這裡最有名的是有加入竹炭的黑色「香炭蛋糕」，其命名來自香住的日文「かすみ（kasumi）」，香炭的日文也是「kasumi」，以雙關語巧妙融合地名與特色，至於香炭蛋糕好不好吃？我個人覺得特色賣點比美味還是大一些。其他的蛋糕種類也不少，布丁與蛋糕使用的雞蛋，是選用在地飼養、吃海藻、綠茶粉長大的雞所產的蛋，相當新鮮。

1 外觀噱頭十足的香炭蛋糕。
2 也有其他漂亮美味的蛋糕可以選擇。

- 兵庫縣美方郡香美町香住區七日市 312-1
- 0796-36-1018
- 10：00～19：00；週二及第 2、4 個週三公休。
- 香炭蛋糕（單片）¥400；蛋糕加點飲料可折價 ¥50。
- 從 JR 香住站步行約 10 分鐘。
- www.yuukarou-showa.com/

來香住住哪裡？

荒神之宿・三寶

臨近日本海邊的溫泉旅館，三層式建築的外觀雖不算起眼，但房間均為和室房，房內有衛浴設施，不習慣使用大浴場的人也不用擔心。三樓有可眺望日本海的展望溫泉，但可惜的是溫泉水氣太多，通常看不到外頭景色。

三寶是飲食特色旅館，提供非常多餐點選擇，冬季期間甚至還會有五十種以上的搭配。若在冬季造訪，除了松葉蟹，也可品嘗日本海的高級魚「喉黑魚（のどぐろ）」全席料理。喉黑魚的正式名稱是赤鯥，因為喉部是黑色所以一般稱喉黑。日本知名網球選手錦織圭在二〇一四年美國公開賽結束後曾說：「如果有喉黑魚的話，真想吃一下。」其美味程度可想而知。

1 三寶的大廳簡單溫馨。
2 喉黑魚的美味連錦織圭都難忘。
3 喉黑魚茶泡飯香甜清爽。
4 喉黑魚全席可吃到不同料理方式。
5 冬季早餐的桌上出現了松葉蟹。

兵庫縣美方郡香美町香住區下浜 653-5
0796-36-3545
於香住站搭乘接送巴士，車程約 6 分鐘。
@ www.koujin-sanpou.com/

朝來

位於但馬地區的南部，緊臨京都府的福知山市，大多數旅客對於朝來有些陌生，但講到「天空之城 竹田城」，相信絕對會有不同反應。

朝來最有名的就是竹田城跡和生野銀山。生野銀山在海外旅客間知名度還不高，且交通較不方便，對礦坑沒興趣的朋友可能會覺得略為無趣。初訪朝來市，可以將目標放在竹田城，若已來過多次或對礦坑、老街道有興趣，可到生野車站附近的舊街道看看保留下來的當時風情。

交通資訊

從京都、大阪出發，搭乘列車至和田山站，接著轉乘播但線於竹田站下車，車程約2～3小時。

天空巴士是經過山城之鄉、竹田城跡、竹田站的循環巴士，每年約初夏開始，冬季停止運行。巴士站就在竹田站外，前往竹田城跡單程約20分鐘、車資260日圓，也可買一日券，不過若只去竹田城跡，車資來回總共只省下20日圓，差價不大。

要注意的是，不是每輛天空巴士的外觀都很明顯，部分巴士外觀與一般巴士沒兩樣，搭乘前要注意一下巴士的目的地。

竹田車站附近的圓山川河岸櫻花。

天空巴士一日券

於巴士上購買，使用當日不限次數搭乘。

079-662-6151

大人 ¥500、小孩 ¥250。

www.zentanbus.co.jp/information/8833/

行程推薦

3 小時竹田城跡路線：
竹田車站→（搭巴士）竹田城跡→（巴士）竹田車站→舊木村酒造場→竹田車站

竹田城跡

竹田城是國家指定史蹟、日本百大名城之一。據傳於一四三一年由山全宗名所建，一六〇〇年時奉德川幕府之命廢城，末代城主是赤松廣秀。竹田城建於海拔三百五十三公尺的古城山上，因山形有如伏虎，因此竹田城也被稱為「虎臥城」，東西約一百公尺，南北約四百公尺，規模是目前現存山城之中數一數二的大，有「日本的馬丘比丘」之稱。

講到竹田城，就不能不提「天空之城」之名。每當朝霧包圍竹田城，宛如宮崎駿動畫中的天空之城現於人間，是攝影愛好者必來之處。但想看到如夢如幻的天空之城，可要具備好運氣！因為雲海必須結合多種氣候因素才會出現，通常秋天的早晨是最容易看到天空之城的季節。

竹田城除了著名的雲海，這裡的石牆（石垣）也是觀賞重點。竹田城的石垣是使用穴太積（野面積的一種）堆積法，特徵是石頭與石頭的接合處並未削切平整，而是石匠活用大大小小、形狀各異的石頭組成，優點是排水性良好，著名的安土城也是使用穴太積的城郭之一。

另外，竹田城也是賞櫻的好地點，若在櫻花季前來，可見到被粉紅

1

花海包覆的天空花城，體驗平地賞花時無法感受到的開放感。

造訪竹田城跡，含坐車、等車、爬山的時間，一次約需三小時，若走登山道則需更久時間，建議安排行程至少要半天時間，才能用悠閒的心情，將這裡的美牢牢記住。

1 竹田城跡有「日本的馬丘比丘」之稱。
2 走在竹田城跡之間，可欣賞大小規模不一的石垣。
3 往竹田城的登山口。
4 竹田城跡被櫻花花海包圍。

兵庫縣朝來市和田山町竹田古城山 169

日期	開放時間
3 月 1 日～ 5 月 31 日	08：00 ～ 18：00
6 月 1 日～ 8 月 31 日	06：00 ～ 18：00
9 月 1 日～ 11 月 30 日	04：00 ～ 17：00
12 月 1 日～ 1 月 3 日	10：00 ～ 14：00

※ 冬季或其他天氣因素可能會施行入山管制，出發前請先查詢官網。

高中生以上 ¥500。

於 JR 竹田站下車，可從南登山道步行約 60 分鐘，或車站後方登山道步行約 40 分鐘；或搭天空巴士至「竹田城跡」下車，再步行約 20 分鐘。

@ wadayama.jp/

舊木村酒造場

這裡原本是一六二五年左右開業的造酒處，經幾度失火後，現建築物是於一九〇二年再建，但外觀一直保留原本的樣式，也是國家登錄的文化財。二〇一三年將部分建築改裝後，變成綜合觀光設施。

其中，提供旅客觀光情報的情報館「天空之城」內有展示空間、影片區、觀光諮詢處；原本的店鋪及母屋空間改裝成住宿設施；米藏、舟藏則變身為餐廳。這裡也有舉辦活動的空間及土產禮品店，是居民與旅客交流、小憩的地方。

兵庫縣朝來市和田山町竹田 363 番地
079-674-2120
9：00 ～ 17：00；12/29 ～ 1/3 公休
從 JR 竹田站步行約 5 分鐘。
www.takedacastle.jp/info/

1 內部依然保留部分當初造酒的樣貌。
2 可在此挑選竹田的土特產。
3 翠綠色廣場供民眾休憩。

立雲峽

若你來竹田的主要目的是欣賞天空之城的絕景，立雲峽無疑是最佳選擇！不過想到立雲峽也得像上竹田城跡一樣，要享受美景就得先爬山。

立雲峽位於標高七百五十七公尺的朝來山腰，除了可眺望竹田城，櫻花也相當有名，有「但馬吉野」的別名。從立雲峽眺望被雲霧包圍的竹田城，美得令人讚嘆，不過要看到這樣的景色可得碰運氣，通常在十到十一月晴朗的天氣下較常遇見。

如果你是攝影迷，可到立雲峽的三處地點拍竹田城，最接近車站的第三觀景臺從停車場步行約五分鐘，最高的第一觀景臺需步行約四十分鐘、第二展望臺約二十分鐘。這裡距竹田城有一段距離，建議最好攜帶望遠鏡頭。

1

■1 沒有雲海的時候，可清楚看到竹田城的模樣。
■2 雲海逐漸生成中。
■3 立雲峽的雲海。
■4 竹田城被包圍在雲霧繚繞間。

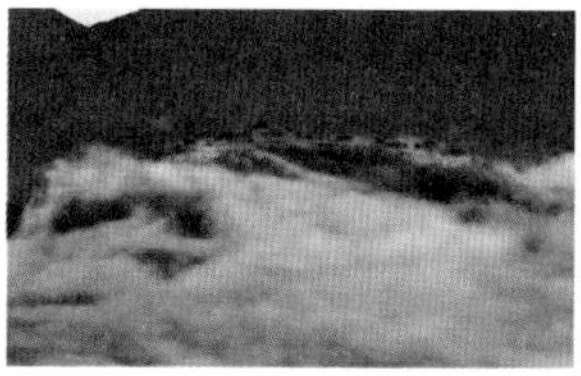

兵庫縣朝來市和田山町竹田
079-674-2120（天空之城情報館）
從 JR 竹田站搭計程車約 10 分鐘可到停車場；步行約需 45 分鐘。

到朝來吃什麼?

臺灣 Cafe 福苗 & 段段

竹田車站附近的飲食店不多，車站出去後往右走約三分鐘，有一間臺灣 Cafe 可吃點東西、稍作休息。福苗和段段是兩家不同的店，但開在同一個建築物內，前門是麵包、咖啡店的段段，接近火車站的後門是福苗。

位於後門的臺灣 Cafe 福苗如同招牌，專賣臺灣料理。和大多數掛羊頭賣狗肉的店家不同，這裡的老闆娘是臺灣人，做的臺灣料理口味也不錯；段段的一樓是麵包店，二樓則可以用餐、喝咖啡，這裡賣的真菜燒（鯉魚燒）有紅豆、奶油、巧克力三種口味，也可外帶做為登山時的點心。

1

1 福苗的臺灣料理口味不錯。
2 段段的 1 樓是麵包店。
3 真菜燒可外帶當作登山時的點心。

兵庫縣朝來市和田山町竹田中町西側 255-1
080-5337-1433
10：00 ～ 16：00；週四公休。
$ 福苗：蔥油餅 ¥300；段段：真菜燒紅豆、奶油 ¥120，巧克力 ¥150
JR 竹田站步行 3 分鐘。
@ fukunae.webcrow.jp/（福苗）

凱 Gai

同樣位在竹田車站附近的凱，中午是洋式料理店，晚上則變身成酒吧。凱提供的蔬菜和米飯都是自家栽培，酒類則會由老闆親自挑選與自己做的料理合搭的酒。

午餐的招牌料理是蛋包飯，但我也滿推薦嘗嘗看用日本國產牛製作的義式牛肉 Carpaccio 丼。晚上的酒吧提供單點料理，若住宿竹田車站附近，也可以來此感受一下氣氛。

1 選用日本國產牛的義式牛肉 Carpaccio 丼。

2 可加點餐後甜點或咖啡。

兵庫縣朝來市和田山町竹田 264-1

079-670-6157

11：00 ～ 14：30（最後點餐 14：00）；17：00 ～ 22：00（最後點餐 21：30）；週四公休

蛋包飯（オムライス）¥900；義式牛肉 Carpaccio 丼（牛のカルパッチョ丼）¥900

JR 竹田站步行 5 分鐘。

lunch-and-bar-gai.com/

到朝來住哪裡？

料理旅館 有斐軒

竹田一帶的住宿不多，雲海季期間更一房難求。如果訂不到竹田的住宿，建議可選擇和田山車站附近的商務飯店或旅館。

有斐軒距離JR和田山站約七分鐘，整體上是日本常見、中規中距的老旅館，衛浴設備為共用。這裡有一座庭園，且建築物分為兩棟，前棟是店主自己的生活空間，後棟是旅館，旅客也多從後棟進出。

雖然會住在和田山一帶多半是因訂不到竹田的房間，但也有不少選擇有斐軒的旅客是特地衝著這裡的美味料理而來。有斐軒可配合旅客的預算，提供從低價的御膳到使用但馬牛、松葉蟹等高級食材的料理。

從房間可望到外面的小庭園。

1 基本款的晚餐菜色就相當豐富。
2 許多旅客都衝著美味料理而來。

兵庫縣朝來郡和田山町和田山 31
079-672-2059
JR 和田山站步行約 7 分鐘。
住宿約 ¥5400 起；一泊二食 ¥8000 起。
yuuhiken.com/

更進一步

生野銀山

被指定為「史跡」、「近現代化遺產」、「日本遺產」的生野銀山，和天空之城竹田城一樣位於兵庫縣朝來市內。這裡據說早在八〇七年就發現銀礦，一五四二年（室町時代）時，由當時的守護職山名祐豐正式開坑採礦，之後織田信長、豐臣秀吉也統領過此處。進入江戶時代後，更與佐渡金山、石見銀山等地並列為支撐德川幕府財政的重要存在。

生野銀山一九七四年開放給一般民眾參觀，從開採至一九七三年閉山為止，採掘坑道最深達八百八十公尺、總長三百五十公里以上，礦石總類計七十種。生野銀山和臺灣的金瓜石都

生野銀山礦山入口。

1

2

是三菱所有，因此是內部結構與金瓜石很像的兄弟礦坑。可參觀的礦坑約長一公里，四十分鐘左右可逛完。因礦坑內全年溫度只有約十三度，夏天前往參觀的話要記得帶薄外套。

1 內部重現當時礦場作業情況。
2 礦脈。
3 展示當時採礦使用的物品。
4 生野車站附近的老街，令人遙想當年礦工們的生活樣貌。

兵庫縣朝來市生野小野 33-5
079-679-2010

日期	開放時間
3 月	9：30 ～ 17：00，週二公休
4 月～ 10 月	9：00 ～ 17：30
11 月	9：00 ～ 17：00
12 月～ 2 月	9：30 ～ 16：30，週二公休

※ 最後入場時間為結束時間 40 分鐘前。

大人 ¥900、國～高中生 ¥600、小學生 ¥400。

於 JR 生野站西口搭乘巴士至「生野銀山口」下車後，步行約 10 分，車資 ¥230。

www.ikuno-ginzan.co.jp/

生野人孔蓋

日本各地的人孔蓋都會融入地方特色，成為許多旅人在遊覽日本的一項小樂趣，而生野的人孔蓋也有一段有趣軼事。生野的人孔蓋有兩種不同版本，舊版右下角的金香瀨坑口招牌上方有一個小神社，但當地居民認為踩到神社是大不敬的行為，因此新版就把神社拿掉了。

1 舊版。

2 新版。

3 走在生野老街道上，低頭留意一下人孔蓋吧！

Cafe Argent

生野因礦業而繁盛一時，在當時較少見又昂貴的歐式料理「牛肉燉飯（ハヤシライス）」就受到高收入的礦工歡迎，牛肉燉飯因而成為這裡的著名料理。生野街道上的簡餐咖啡店 Cafe Argent 不只受到觀光客喜愛，在地人也常光顧，店家位置也好找，是第一次來生野必嘗的牛肉燉飯。

1 內部空間復古溫馨。
2 吃吃看礦工最愛的牛肉燉飯吧！

- 兵庫縣朝來市生野町口銀谷 521-2
- 079-679-5155
- 7：30～16：00，週一公休。
- 牛肉燉飯 ¥700。
- JR 生野站步行約 10 分鐘。
- ja-jp.facebook.com/CafeArgent/

湯村溫泉

湯村溫泉是位於兵庫新溫泉町南部、濱坂車站附近的小型溫泉觀光地。據說湯村溫泉是距今約一千一百五十年前，由慈覺大師發現的山野溫泉。一九八一年，NHK連續劇《夢千代日記》在此拍攝而成名，讓湯村湯泉有「夢千代之里」之稱。

位於山谷內的湯村溫泉除了中央的荒湯，沒有什麼特別有名的景點，遊人來此大多就是泡溫泉，享受一下遠離塵囂的生活，因此湯村溫泉在國外遊客間的知名度並不高，大多以日本人為主，想體驗沒有太多觀光客的溫泉祕境，這裡是不錯的選擇，入冬後的雪中溫泉更是迷人。這裡隨處可見免費的足湯，還有許多通往山上的階梯小徑可探尋，也是地方特色之一。

行程推薦

3 小時散步路線：湯村溫泉巴士站→荒湯→杜氏館→正福寺→夢千代館→大眾浴場藥師湯→湯村溫泉巴士站

交通資訊

從大阪、京都出發，搭乘電車需時約 3.5 ～ 4 小時。於 JR 浜坂站下車，出口右邊搭乘往湯村溫泉的全但巴士「新溫泉町民バス 夢つばめ」的「浜坂溫泉線」，車程約 25 分鐘。平常日從 JR 浜坂站開往湯村溫泉的巴士班次還算多，如果遇到假日（尤其是週日）會少幾班車，建議在車班最多的中午左右抵達並轉乘。巴士站旁有免費的足湯，等巴士時可以泡一下腳打發時間。

若沒有購買 JR 關西廣域周遊券，也可於京都車站或大阪車站搭乘低價的高速巴士，車程約 3 小時。

全但巴士官網：www.zentanbus.co.jp/community_bus/

1 濱坂車站外的足湯。
2 湯村溫泉鄉有許多階梯小徑。
3 從濱坂站開往湯村溫泉的巴士。

荒湯

以溫泉泉源「荒湯」和河流「春來川」為中心形成的溫泉街，是湯村溫泉的中心點以及最主要的觀光區。荒湯湧出的泉溫高達攝氏九十八度，泉質無色無味，可浴用、飲用、水煮料理及治療。由於溫泉溫度相當高，不只有常見的溫泉蛋，連玉米、芋頭、地瓜甚至螃蟹等食材都可用溫泉燙煮。

荒湯石碑旁有一尊湯村溫泉開湯者慈覺大師的座像，座像旁設有可飲用的溫泉水龍頭，有興趣的話可以試喝看看。

緊臨荒湯的春來川沿岸很適合散步，沿途可看見曾造訪過湯村溫泉的數十位名人手掌印，也有能免費體驗的公眾足湯「交流之湯（ふれ愛の湯）」，讓旅客坐下來歇息泡腳，到了晚上，散步道實施夜間點燈，氣氛十分浪漫。

1

1 春來川沿岸適合漫步。
2 水龍頭轉開的溫泉水可飲用。
3 石碑旁的慈覺大師像。
4 荒湯的免費足湯相當熱門。

兵庫縣美方郡新溫泉町湯 1248
0796-92-2000
從「湯村溫泉」巴士站步行約 5 分鐘。
@ www.yumura.gr.jp/kanko/arayu/

杜氏館

「杜氏」就是日本酒的釀酒師之稱，在湯村溫泉所屬的自治體「新溫泉町」內約有六十位杜氏存在。因此湯村溫泉中心成立了杜氏館，每天下午對外免費開放參觀，希望藉此推廣新溫泉町的日本酒。

館內主要展示了日本酒及釀酒師杜氏的有關介紹，以及實際使用過的製酒器具。杜氏館旁就是湯村溫泉觀光諮詢處，需要觀光地圖或其他資訊，到這裡準沒錯。

2

1

1 製酒器具。
2 展示許多與日本酒相關的文物。

兵庫縣美方郡新溫泉町湯 98
0796-92-2000
10：00 ～ 17：00
從「湯村溫泉」巴士站步行約 5 分鐘。

正福寺

位於可眺望湯村溫泉的山丘上，是但馬地區著名的花寺之一。據說是在八四八年時，由天臺宗的慈覺大師發現湯村溫泉後開創的寺院，本尊供奉不動明王。寺院曾幾經祝融，現在的堂宇是在一七八〇年重建。正福寺觀音堂前有幾株變種的八重櫻花「正福寺櫻」，是兵庫縣特有種，被指定為天然紀念物，屬於每年四月中旬才盛開的晚開型櫻花。

3 正福寺位於小山丘上。

4 天然紀念物——正福寺櫻。

5 本堂。

兵庫縣美方郡新溫泉町湯 174

0796-92-0133

8：00～17：00

從「湯村溫泉」巴士站步行約 5 分鐘。

大眾浴場・藥師湯

位在湯村溫泉中心地的大眾浴場，入口是辨認度很高的唐門。藥師湯外有設置兩處足湯和一個可以煮溫泉蛋的池子。和許多溫泉地不同之處在於，這裡利用了高溫的泉水進行溫差發電，除了可供一般電力，旅客還可在此使用溫泉發電的綠色插座，相當環保。雖然大眾浴場設施豐富，但湯村溫泉地區的旅館大多提供溫泉，如果是來湯村溫泉一日遊，這裡是很適合舒緩身心的浴場。

兵庫縣美方郡新溫泉町湯1604
0796-92-1081
7：00 ～ 22：30（最後入場時間 22：00）；每月 15 日公休。
大人 ¥400、小孩 ¥250。
從「湯村溫泉」巴士站步行約 7 分鐘。

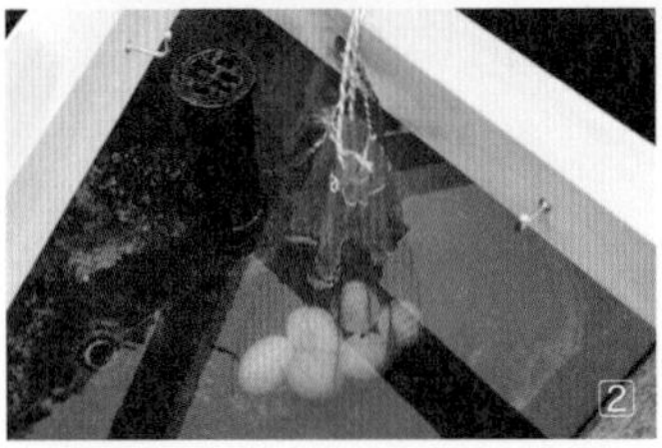

1 藥師湯外的免費足湯。
2 這裡也可以煮溫泉蛋。

湯村溫泉博覽館「夢千代館」

展示館共有兩個樓層，一進入門口就彷彿穿越時空，感受到NHK連續劇《夢千代日記》中的世界。裡面設有一個「夢之信件（夢てがみ）郵筒」，將時光信件投入，一年後才會到達收信人手中，可以給一年後的自己或親朋好友一個驚喜喔！據說最先使用這個郵筒的就是主演此劇的女星吉永小百合。雖然這齣連續劇年代久遠，年輕人或外國旅客應該不太熟悉，但完美重現了此劇所描寫的昭和年代風景，相當懷舊。和其他主要觀光設施一樣，這裡也設有免費足湯。

- 兵庫縣美方郡新溫泉町湯 80
- 0796-99-2300
- 9：00 ～ 18：00
- 大人 ¥300、小～中學生 ¥150。
- 從「湯村溫泉」巴士站步行約 7 分鐘。
- www.refresh.co.jp/yumechiyo/

1. 進入夢千代館，彷彿穿越時空。
2. 寫封信投入「夢之信件」郵筒，寄給一年後的自己。
3. 湯村溫泉街上立有夢千代的銅像。

2

3

1

到湯村溫泉吃什麼？

荒湯溫泉料理

荒湯泉溫高達攝氏九十八度，且是可飲用的溫泉水，以溫泉水做的料理相當出名，絕對不要錯過。

除了可在荒湯煮食雞蛋、玉米和地瓜，旅館「朝野家」老闆開發的荒湯生牛奶糖（荒湯生キャラメル）更是特別。他將煉乳罐放在溫泉之中浸泡，煉乳會慢慢隨著時間越久變硬，經過約五到七小時取出，就是美味的生牛奶糖。

荒湯溫泉池分上、下兩段，上段主要用來煮雞蛋、玉米等土產店販賣的食材，下段則用來煮葉菜類蔬菜、香菇或螃蟹等會產生「灰汁」（燉煮時會產生白色泡泡）等食材，如果自己準備食材前來煮食，要注意不要用錯溫泉池喔。

1

2

1 附近土產店都可買到煮溫泉料理的食材。
2 煮溫泉蛋的上半段溫泉池。
3 煮葉菜類、螃蟹的下半段溫泉池。
4 製作生牛奶糖中。

3

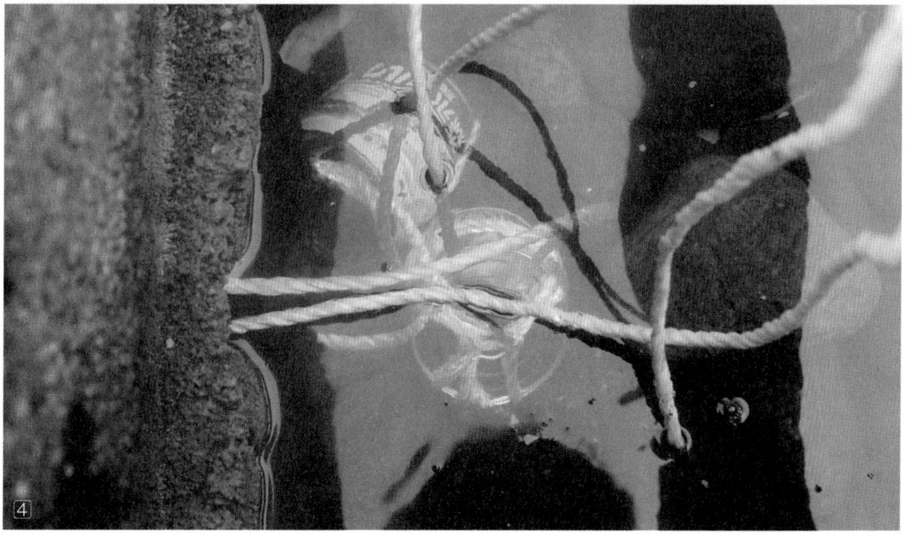
4

1

來湯村溫泉住哪裡？

三好屋

湯快渡假集團旗下旅館之一，最大特色就是以平實的價格提供一泊二食的質感享受。

三好屋的客房均為日式房間，房間內有廁所但無浴室，空間也比正統旅館小一些。雖然路線是平價旅館，但館內設施不少。除了有溫泉旅館必備的大露天溫泉，也有卡拉ＯＫ、漫畫室、遊戲室、免費的按摩椅等，也提供免費浴衣，讓旅客能更融入溫泉鄉氣氛當中。早、晚餐均為自助餐形式，餐點種類豐富，是一處可節省旅費又可大啖美食的溫泉旅館。

1 舒服的露天溫泉，消除一日疲勞。
2 日式房間簡單乾淨。
3 早、晚餐均為自助餐，菜色豐富。
4 大廳的大面窗戶可欣賞外面的紛飛雪景。

兵庫縣美方郡新溫泉町湯 1671-3
0570-550-478
從「湯村溫泉」巴士站步行約 5 分鐘。
一泊二食 ¥7500 起。
yumura-miyoshiya.jp/

1

更進一步

鳥取砂丘

隨著關西廣域鐵路周遊券的使用範圍擴大，從濱坂到鳥取這段區間也被併入可搭乘的範圍，其中最推薦鳥取的代表觀光地就是鳥取砂丘。鳥取砂丘位於山陰海岸國立公園中的特別保護區，為國家指定天然紀念物，東西長十六公里、南北寬二．四公里，是日本規模最大的觀光砂丘。砂丘最高點稱作「馬背」，登上馬背後可以眺望廣大的太平洋，馬背也是滑沙、滑翔傘等體驗活動的地點，但因為是在沙上步行，想要爬上馬背還滿耗費體力的。

許多日本電視劇或電影的沙漠場景都是在

鳥取砂丘拍攝，既然是沙漠風情，和這裡最符合的氣氛莫過於騎駱駝了！這種少見的體驗雖然價格不便宜，但在日本相當難得一見。

1 走在巨大砂丘上，人都顯得渺小了。
2 騎駱駝是相當少見的體驗活動。
3 風力夠大時，砂丘上會產生美麗風紋。

砂丘事務所

- 鳥取縣鳥取市福部町湯山 2164-661
- 0857-22-0581
- JR 鳥取站搭乘「鳥取砂丘行」路線巴士，或於週六、日、國定假日搭乘限定「Loop 麒麟獅子巴士（ループ麒麟獅子バス）」至「鳥取砂丘」下車，車程約 20 分鐘。建議週末前往，車班比平常日多。
- $ 騎駱駝一人 ¥1300、兩人 ¥2500。
- @ www.pref.tottori.lg.jp/sakyujimusho/

鳥取城跡・久松公園

鳥取城為國家指定史蹟兼日本百大名城之一，別名久松城、久松山城，詳細建造年間不詳，推測是在十六世紀中期由山名家所建。

城內主要分為建於中世紀戰國時代的「山上之丸」和建於山腳下近世城郭的「山下之丸」兩大區，可看到不同時代城郭形式的變化。鳥取城跡附近種有約兩百四十棵櫻花，是著名的櫻花觀賞勝地。

鳥取城最有名的歷史事件是被稱為「第二次鳥取城進

攻」的戰役，一五八二年時，這裡曾因戰爭被圍城四個月，在無糧可吃的情況下，城內餓死及吃人事件頻傳，後來城主吉川經家投降自刃，換取城內士兵及民眾的性命保證，才使此次戰事落幕，現在鳥取城的入口處立有吉川經家的銅像。

1 鳥取城跡。
2 登高可眺望鳥取市區。

護城河。

鳥取縣鳥取市東町

0857-22-3318

JR 鳥取站搭乘循環巴士「綠路線（緑コース）」至「仁風閣・県立博物館」或搭乘「Loop 麒麟獅子巴士（ループ麒麟獅子バス）」於「鳥取城跡」下車。

@ www.tottori-guide.jp/tourism/tour/view/485

砂場咖啡

直至二〇一五年初夏前，鳥取縣是日本唯一沒有星巴克分店的地方。平常就喜歡講雙關語玩笑的平井知事曾說：「雖然鳥取沒有星巴克（SUTABA），但我們有日本第一的砂場（SUNABA）咖啡。」砂場咖啡為鳥取縣的連鎖咖啡品牌，此話讓砂場咖啡一躍成為熱門話題，星巴克更因此在二〇一五年進駐鳥取縣。有機會來到鳥取縣，千萬別忘了試一下受到鳥取縣民喜愛的砂場咖啡。

1

鳥取站前店

- 鳥取縣鳥取市永樂溫泉町 152
- 0857-27-4649
- 平日 8：00～22：00；週末、國定假日 7：30～22：00。
- JR 鳥取站步行約 2 分鐘。
- www.pref.tottori.lg.jp/sakyujimusho/

輯二

京都府
丹後地區

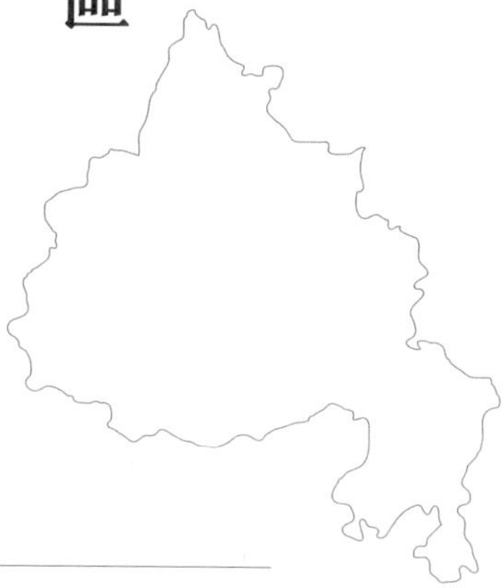

丹後是京都府內唯一臨海的地區，京都人想品嘗鮮美海味，就會來這裡。美麗的海岸線上佇立著威嚴的舞鶴軍港、日本三景之一「天橋立」，再現宮崎駿《神隱少女》的海上列車，讓丹後充滿了故事待發掘。

伊根

說到伊根，最廣為人知的特色就是舟屋了。如同其名，舟屋一樓為停放漁船、放置漁具的地方，與海相鄰，二樓則為起居室或倉庫。伊根大約於鎌倉時代後期形成聚居地，而舟屋群的樣貌則在江戶時代成形，以前只用來放漁船及道具，直到約八十年前的道路拓寬工程完成後，才變成現在的樣子。

目前伊根的舟屋約有兩百三十間，是第一處被日本指定為國家「重要傳統建造物群保存地」的漁村，也是「日本最美村落（日本で最も美しい村）」成員。

除了舟屋，伊根也是日本三大鰤魚養殖地之一，但因為不是傳統觀光地，鎮

交通資訊

從京都、大阪出發，搭乘 JR 列車和京都丹後鐵道至天橋立站或宮津站，乘坐特急列車約 2 小時，不過要特別注意，部分特急列車需在福知山站換車。接著轉搭丹海交通的巴士，約一小時一班，總共車程約 3 小時。

巴士途中會經過天橋立、元伊勢籠神社等景點。因此若行程先安排傘松公園再前往伊根，可不用回到天橋立搭車。

4 ～ 11 月的週六、日及國定假日則有可能增開巴士或天橋立直達伊根的船，但不一定每年都有，出發前可查詢丹海交通的官網。

@ 丹海交通官網：www.tankai.jp/rosen.html

行程推薦

推薦路線	所需時間	行程
散步路線	2 小時	伊根巴士站→伊根之浦公園→向井酒造→伊根日和→伊根舟屋之里公園→伊根巴士站
完整路線	4 小時（若騎自行車移動可節省半小時）	伊根灣遊覽船 ‧ 日出巴士站→伊根灣遊覽船→向井酒造→伊根之浦公園→伊根日和→伊根舟屋之里公園→伊根巴士站

1 海上美麗的伊根舟屋。
2 雪中的舟屋，白色伊根又是不同的美。
3 來到伊根，恣意散步是最棒的探訪方式。
4 天氣好時，常可見來此寫生的人們。

0772-32-0277
www.ine-kankou.jp/

內可用餐的地方不多，入冬後若想吃伊根的鰤魚涮涮鍋，可到天橋立地區尋覓餐廳。

伊根町與舟屋

連世界知名的美食、旅遊權威《米其林綠色指南（Le Guide Vert）》，都將伊根這個偏遠小鎮的獨特景觀評為二星級旅遊地。這裡不像傳統的觀光地，有很多地方吃吃喝喝或者某些特定景點，來到伊根，最大樂趣就是閒適散步，或騎著腳踏車在伊根町內穿街走巷，感受慢活氣氛。攝影愛好者更喜歡到此拍攝各個角度、四季不同風景的舟屋。不過要特別注意，舟屋為私人所有，若要近距離拍攝屋內或進入舟屋，需先取得屋主同意。

伊根灣遊覽船・日出站

從遊覽船搭乘處（伊根湾めぐり日出駅）出發，繞行伊根灣一周只需二十五分鐘，若你的行程無法在伊根逗留太久，乘坐遊覽船，可一覽伊根灣內的舟屋群，是最推薦的方法。不過遊覽船不能太接近舟屋，若想從海上拍攝舟屋，最好攜帶高倍率相機或鏡頭。搭乘遊覽船時還可以餵食海鷗，和天橋立附近的海鷗一樣，看到蝦味先就會超興奮，不過也要注意老鷹喔！

1 從海上看舟屋。
2 搭船還可餵海鷗。
3 遊覽船搭乘處。

- 与謝郡与謝野町字上山田 641-1
- 0772-42-0321
- 9：00～16：00，每 30 分鐘一班。
- 大人 ¥680、小孩 ¥340
- 搭乘丹海交通巴士至「伊根 めぐり・日出」下車。
- www.inewan.com/02yuransen.html

1 向井酒造低調的老建築。
2 釀造伊根滿開的赤米。
3 招牌酒：伊根滿開。
4 5 酒粕、米蛋糕等周邊商品也很受歡迎。

与謝郡伊根町平田 67
0772-32-0003
9：00～18：00
搭乘丹海交通巴士於「 伊根」下車，步行約 5 分鐘。
@ kuramoto-mukai.jp/

向井酒造

位於伊根鎮內的向井酒造是日本酒傳統釀酒廠之一，成立於一七五四年，至今已超過兩百六十年歷史。與其他釀酒場最大的不同在於向井酒造是由女性負責釀酒，口感纖細。

店內可試飲多種日本酒，招牌的「伊根滿開」使用古代日本赤米釀造而成，酒色呈清透的淡紅色，入口後果香滿溢，且無蒸餾酒的酒精味，極受女性顧客喜愛。除了多種清酒，還有酒粕、蛋糕等周邊商品可購買。

伊根之浦公園

伊根鎮內最容易拍到美照的地方當屬伊根之浦公園，這裡也是伊根的中心點，交通方便。在伊根之浦公園能捕捉到各種伊根舟屋的角度，許多伊根宣傳用的官方照片都在這裡拍攝，喜歡拍照的朋友一定能在此拍到許多經典照片。

另外，想要悠閒逛伊根，最推薦的就是騎著自行車恣意漫遊，在伊根町內有四個場所提供三十輛可免費使用的自行車，自行車後方都掛有「海の京都」的牌子，很好辨識，不用擔心騎錯車。

可在「伊根灣周遊觀光船乘船處」、伊根小學前的「伊根之浦公園」、山腰的「舟屋之里公園」、「伊根郵局」附近借用、歸還。一般來說最方便旅客運用的地點是伊根之浦公園。

1

1 這裡可拍到最美的伊根。
2 冬季雪中的伊根，美得令人屏息。
3 可免費使用的腳踏車。
4 腳踏車後方掛有「海の京都」的牌子。

伊根町平田 494
租借時間 9：00～16：00。
搭乘丹海交通巴士於「伊根」下車。

伊根日和

伊根日和是二〇一七年四月才開幕的複合型觀光交流設施，位於道路休息站「伊根舟屋之里公園」山腳下，臨伊根灣海而建，用餐處可以看到美麗的伊根灣。

這裡提供伊根的觀光情報，也可買到當地製作、販售農特產品及加工物，也有咖啡輕食店「INE CAFE」，而料理店「鮨壽司 海宮」有提供伊根當地捕獲的鮮魚做成的壽司及在地美酒，晚上也提供料理，算是可以解決伊根晚上很難用餐的問題，對住宿的旅客來說是一大福音！

1

1 用餐處可欣賞美麗的伊根灣。

2 在 INE CAFE 以海景佐下午茶。

34 在海宮可嘗到當地捕獲的鮮魚料理。

与謝郡伊根町字平田 593-1
0772-32-1700
海宮 11：30～15：00；18：00～22：00，週三公休
搭乘丹海交通巴士於「伊根」下車，步行約 10 分鐘；於「舟屋之里公園前」下車，步行約 5 分鐘。
@ funayabiyori.com/

2

4

3

舟屋之里公園

由於伊根能用餐的地方極少，開車前來的旅客多會選擇到位於山腰的道路休息站「舟屋之里公園」用餐或休息，休息站內有土特產販賣處、餐廳舟屋及旅館油屋經營的食堂。從這裡還可以居高臨下、遠眺整個伊根灣。

1 從舟屋之里眺望伊根灣。
2 也可在這裡挑選伊根伴手禮。

与謝郡伊根町龜島 459
0772-32-0680
10：00 ～ 17：00，依季節會有變動，年末年初休息。
電動腳踏車 1 次 ¥1000
搭乘丹海交通巴士「舟屋の里公園」下車，步行 3 分鐘。需注意不是每班巴士都有到此站，搭乘前請注意巴士行進路線；於「伊根」站下車後步行 15 分鐘。
www.funaya.org/

2

到伊根吃什麼？

食事處　油屋

位於舟屋之里公園內的餐廳「食事處 油屋（お食事処 油屋）」是油屋旅館開設，也是伊根最有人氣的餐廳，店內座位不多，中午用餐時段常要排隊。油屋的固定主要菜單是海鮮丼和青島定食兩種。青島定食有生魚片、煮魚、烤魚、白飯、漬物和味噌湯，料理美味且份量十足。

1 來到海邊能不嘗嘗人氣菜單海鮮丼嗎？
2 青島定食份量十足，不怕吃不飽。

- 与謝郡伊根町亀島 459
- 0772-32-0750
- 11：00 ～ 17：00，依季節會有變動，週三公休。
- 海鮮丼 ¥1540；青島定食 ¥2160
- 搭乘丹海交通巴士「舟屋の里公園」下車，步行 3 分鐘（需注意不是每班巴士都有到此站，搭乘前請注意巴士行進路線）；於「伊根」站下車，步行 15 分鐘。

与謝郡伊根町字平田 552
0772-32-0280
11：00～17：00，依季節會有變動，週三公休。
抹茶＋點心 ¥500
搭乘丹海交通巴士於「伊根」下車，步行 5 分鐘。
訂房請洽 FB「伊根の舟屋 雅」：www.facebook.com/inefunaya/

伊根的舟屋 雅

位在伊根正中央，同樣由旅館油屋開設的舟屋咖啡、甜品店「伊根的舟屋 雅」。在伊根散步走累了，就來歇歇腿吧！坐在舟屋內享用美味茶點，望著寧靜的港灣風情，度過伊根式的悠閒時光。

雅的二樓是一天限定一組客人（一組最多五名）的整層式出租舟屋民宿，而且是伊根唯一附有溫泉的舟屋。如果有訂晚餐，會於用餐時間以專車接送到「油屋本館」用餐，早餐則是在一樓用餐。

1 雅的座位面向著遼闊大海。
2 望著寧靜海面一邊品嘗點心，享受內心的靜謐。
3 二樓是每天只接待一組客人的民宿，可獨享海景。

來伊根住哪裡？

舟屋之宿 藏

這間民宿同樣一天只限定一組客人（二～六名）的整棟式出租舟屋民宿，入住就可享受完全不被打擾的空間，內部環境舒適整潔，推開後門就可享受碧綠海洋。

屋主是貨真價實的漁師，提供客人的美味餐點都由老闆親自捕獲，鮮度無可挑剔。

1

1 打開後門就可聽到細細浪濤聲。

2 3 內部新穎，但仍保留日式傳統住宅風格。

与謝郡伊根町字龜島 863-1

0772-32-0815

搭乘丹海交通巴士至「伊根」下車，步行 25 分鐘。也可事前預約，請民宿至「伊根」接駁；或至「伊根郵便局前」下，步行 8 分鐘，但班次較少。

一泊二食 ¥17800 起。

www.ine-kura.com/

天橋立

天橋立與廣島的宮島、宮城的松島被譽為日本三景，也是日本百大名松地之一、日本指定國家公園、特別名勝以及重要文化景觀，《米其林綠色指南》也將這裡評為二星級旅遊地。

在以「庭」著名的桂離宮內，也有天橋立的縮景庭園，足見天橋立在日本人心中地位之高。即使位處交通不便之地，仍吸引眾多遊客，年間觀光客達兩百六十萬人次左右，魅力非同凡響。

要看壯麗的天橋立景色，北邊的傘松公園及南邊的天橋立 View Land 是最佳選擇。若時間許可，漫步於天橋立的松樹林之中，欣賞各種不同形狀、不同名字的松樹，也別有一番情調。

交通資訊

從京都、大阪出發到天橋立，最主要交通方式是利用電車（JR ＋京都丹後鐵道），乘坐特急列車約兩小時可到天橋立站，不過要特別注意，部分特急列車需在福知山站換車。

若是沒有購買 JR 周遊券，也可搭乘京都丹後海陸交通高速巴士，費用較低廉且快速，不過缺點是班次少，而且不一定有座位。

車站附近有不少店家出租自行車，費用約為每兩小時 ¥400 ～ 500，超過時間則需額外支付費用。想節省旅費或趕時間，可考慮租輛自行車，省去等待巴士的時間。我個人喜歡租借丹海交通（天橋立觀光船登乘處）的自行車，車子較小且好騎。

丹海交通觀光船乘船處就可租借自行車。

行程推薦

	遊覽時間	行程概述
天橋立 View Land 行程	2 小時	天橋立車站→天橋立 View Land（飛龍觀）→智恩寺→日本三景石碑→天橋立車站
傘松公園行程	3 小時	天橋立車站→智恩寺→觀光船→元伊勢籠神社→傘松公園→觀光船→日本三景石碑→天橋立車站
走透透行程	5 小時	天橋立車站→天橋立 View Land（飛龍觀）→智恩寺→日本三景石碑→觀光船→元伊勢籠神社→傘松公園→觀光船→天橋立車站

1 通往山上的單軌電車。

2 上、下山也可搭乘吊椅。

天橋立 View Land

位於天橋立南邊的展望所，乘坐登山吊椅上、下山，往返天橋立車站只需四十分鐘到一小時，若在天橋立停留時間不長，又想從高處一覽天橋立壯麗景色，此處是絕佳地點。

從天橋立 View Land 的倒著看觀景臺（股のぞき臺）望向天橋立，天橋立猶如飛舞於天上的龍，因此有「飛龍觀」之稱。園內還有老少皆宜的小火車、卡丁車等遊樂設施，四季更有不同的花花草草，展望餐廳也可邊欣賞天橋立美景、邊用餐，十分推薦在園內四處走走看看，或到在以「飛龍」為形象的飛龍観迴廊來個空中散步。

3 飛龍觀迴廊。
4 夏天的天橋立。
5 幻雪天橋立。

京都府宮津市字文珠 437
0772-22-5304

日期	開放時間
2/21 ～ 7/20	9：00 ～ 17：30
7/21 ～ 8/20	8：30 ～ 18：30
8/21 ～ 10/20	9：00 ～ 17：30
10/21 ～ 2/20	9：00 ～ 17：00

中學生以上 ¥850、小學生 ¥450。
搭乘丹鐵於「天橋立」站下車，或搭乘高速巴士於「天橋立」下車，步行 5 分鐘即可到達纜車登乘處（注意：乘坐登山吊椅時請勿搖晃雙腳或身體）。
www.viewland.jp/

4

5

1 山面盡染成一片紛紅。
2 鳥居與三葉杜鵑花相互輝映。

京都府宮津市獅子崎
從宮津車站搭乘巴士至「獅子崎」下車，車程約 7 分鐘；從天橋立站出發車程約 35 分鐘。

獅子崎稻荷神社

曾登上日本觀光局四月份月曆的絕美景點——獅子崎稻荷神社，距離宮津車站約七分鐘車程，通往山腰的參道上佇立一整排鳥居，雖然規模不大卻也相當壯觀。這裡最有名的是散布於山谷之間、每年四月中旬盛開的三葉杜鵑花，將山壁盡染成粉紅色。三葉杜鵑花與花海之間的紅色鳥居相互輝映，色彩豔麗，絕對是春天不可錯過的絕景。

智恩寺

位於天橋立車站附近，為日本三文殊寺院之一的智恩寺，本尊是供奉掌管智慧的文殊菩薩，這裡的文殊菩薩是平時不對外公開的「祕佛」，一年僅於公開三次共五天（一月一到三日、一月十日、七月二十四日），每到開帳之日時，寺內總會湧入大批信徒前來參拜，是天橋立一帶重要的信仰中心。來自日本各地眾多應試或就職的考生及家長，皆會前來參拜，祈求考試順利。

智恩寺的山門。

來到神社或寺院，不少旅客都會抽籤問卜，智恩寺的籤是其他地方少見的扇子籤，造型獨特討喜的扇子籤詩掛滿境內的松樹上，形成智恩寺特有的景象，每當風吹過時，還喀沙喀沙作響，氣氛十分特別。

1 造型獨特的扇子籤掛滿松樹。
2 寺廟旁的智慧燈籠。

京都府宮津市字文珠 466
0772-22-2553
丹鐵「天橋立」站或高速巴士「天橋立」下車，步行 5 分鐘。
www.monjudo-chionji.jp/

迴旋橋與日本三景石碑

智恩寺旁邊的迴旋橋是連接天橋立和智恩寺山門前方的橋，每當有大型船隻要通過，迴旋橋會旋轉九十度讓船通過。迴旋橋於一九二三年建造時為手動迴轉，之後隨著橋下通過的大型船舶增多，一九六〇年五月修建成電動式迴旋橋。現在週日十一點到下午三點，每個整點會讓橋旋轉，讓觀光客也有機會看到這個名場景。

從智恩寺前的迴旋橋進入松樹林後，馬上可以在入口不遠處看到日本三景石碑，這個的石碑在松島、宮島也有，別忘了與石碑拍個紀念照，收集日本三景的三個石碑吧！

京都府宮津市文珠
0772-22-8030
週日 11：00 ～ 15：00 的每個整點；不定時。
從丹鐵「天橋立」站步行約 10 分鐘。

1 迴旋橋現在有固定打開的時間，讓遊客欣賞。
2 快來收集日本三景石碑吧！

天橋立松樹林、磯清水、橋立明神

近年研究推測，天橋立松樹林約在三千年前形成，松樹林內的「磯清水」為日本百水名選之一，古時候號稱飲此水有延年益壽之效，但其實水中的生菌數等未經檢驗，不建議飲用。

磯清水旁的橋立明神（橋立神社），正面供奉豐受大神，對面左邊是大川大明神，右側是八大龍王。如果沒有計畫全程步行通過天橋立松樹林，看完橋立明神和磯清水後，就可以回頭去坐船或返回車站。

1 在松樹林中騎自行車，享受芬多精。
2 松樹林旁就是夏天的海水浴場。
3 「磯清水」為日本百水名選之一。
4 橋立神社。

1

京都府宮津市字文珠 466
0772-22-2553
丹鐵「天橋立」站或高速巴士「天橋立」下車，步行 5 分鐘。

元伊勢籠神社

丹後半島社格最高的神社「元伊勢籠神社」，主祭神是天孫天火明命。元伊勢籠神社是現在三重縣伊勢神宮的故鄉，建築樣式與伊勢神宮相同，是最高規格的「唯一神明造」建築樣式。本殿欄桿上裝飾有代表五行的青、黃、紅、白、黑五色的座玉石，只有伊勢神宮及此處可見到。本殿前的石造狛犬造於鎌倉時代，為日本最古石造狛犬之一，在神社狛犬的發展史之中是相當貴重的存在，因此成為國家指定重要文化財。

進入本殿後，建築物和御守等都禁止拍照。本殿附近設有一座利用水滴的回音做成的「水琴窟」，水滴滴落時的回響宛若琴音、音色清脆，自古即有可淨化身心的說法。另外，籠神社有「元伊勢宮」和「籠神社」兩種朱印，喜歡收集朱印的朋友，別忘了帶朱印帳前來。

1 元伊勢籠神社本殿前。
2 本殿欄桿上代表五行的五色座玉石。
3 日本最古石造狛犬之一。

京都府宮津市字大垣 430
0772-27-0006
7：00～17：00
丹海交通巴士「元伊勢籠神社」下，或搭乘觀光船於「一の宮」下，步行 5 分鐘。
www.motoise.jp/

真名井神社

從元伊勢籠神社步行十分鐘，即可到達具有久遠歷史的奧宮「真名井神社」，主祭五穀豐收的豐受大神。神社後方有古老祭祀場的磐座，不過後方全屬於神山領域，非相關人員無法進入，若要拍攝磐座需得到社方許可。

境內的「真名井水」終年湧出清涼甜美的泉水，在丹後一帶相當有名。直到現在仍有許多附近居民或信徒會拿着裝水容器前來裝井水。

京都府宮津市中野
無休
丹海交通巴士「元伊勢籠神社」下，步行10分鐘；或觀光船「一の宮」下，步行15分鐘。

1 真名井水湧泉。
2 真名井神社磐座。

1

2

傘松公園可眺望天橋立「斜一文字」景觀。

傘松公園

位於天橋立北邊的展望所，高度約一百三十公尺，不僅和天橋立 View Land 一樣有倒著看觀景臺，也是觀景發祥地，自古即非常有名，可觀賞到天橋立的「斜一文字」景觀。倒過來觀看天橋立時，天橋立猶如橫越於天際的天橋，在大松樹「傘松」旁邊有「倒著看發祥地」的展望臺。

傘松公園還有可丟擲瓦片的地方，據說瓦片若通過象徵智慧之輪的圈圈，就可以實現心中的願望。而偶爾會出現在傘松公園的吉祥物傘松小子（かさぼう）很有動感，受到觀光客及小朋友的喜愛。

要前往傘松公園時，推薦上山時乘坐纜車，欣賞隨著纜車升高而緩緩出現在眼前的景觀，下山如果不怕高的話，可乘坐登山吊椅，俯視天橋立及宮津灣，享受纜車所沒有的開闊感。纜車路線兩側種有約一百棵櫻花，春天櫻花盛開時，乘坐纜車欣賞兩側櫻花簡直浪漫極了！

京都府宮津市大垣
0772-22-2121
$ 公園免費；纜車或登山吊椅搭乘費用，大人來回 ¥660、單程 ¥330，小孩來回 ¥330、單程 ¥170。（注意：乘坐登山吊椅時請勿搖擺座椅）。
公園 24 小時開放。

日期	纜車開放時間
12～2 月	08：00～16：00
3 月	08：00～17：00
4 月～6 月、7/1～7/19	08：00～17：30
7/20～8/20	08：00～18：00
8/21～8/31	08：00～17：30
9～10 月	08：00～17：30
11 月	08：00～17：00

丹海交通巴士「元伊勢籠神社」下，步行 5 分鐘；或觀光船「一の宮」下，步行 10 分鐘。
@ www.amano-hashidate.com/030kasamatu.html

1 白雪天橋立。
2 纜車穿過一條櫻花隧道。
3 上、下山也可搭乘吊椅。

3

成相寺

距離傘松公園約兩公里的成相寺創建於七〇四年，是「西國三十三所巡禮」的第二十八處巡禮所，有無撞鐘、無底池、一言一願地等傳說，以及無論從左或右看都是正面的「正面的龍（真向之龍）」、日本重要文化財的鐵浴桶。日本水墨畫畫家雪舟筆下的「天橋立圖」中所描繪的五重塔，則於近年修復重建完成。

除了久遠的歷史，成相寺也是京都府內著名的石楠花與紅葉觀賞地。每年五月上旬盛開的石楠花約有三千棵；而十一月中旬的五重塔附近則紅葉繽紛，從弁天山展望臺就可看到紅葉、五重塔與日本海，景色獨特壯觀，是北近畿地區的絕景拍攝點之一。

- 京都府宮津市成相寺 339
- 0772-27-0018
- 大人 ¥500、國～高中生 ¥200；登山巴士來回 ¥700。
- 8：00～16：30
- 從傘松公園搭乘登山巴士，車程約 10 分鐘。
- www.nariaiji.jp/

1. 秋天的成相寺五重塔。
2. 成相寺本堂。
3. 正面的龍（真向之龍）。
4. 五月可看到盛開的石楠花。

到天橋立吃什麼？

松和物產

天橋立車站前的松和物產除了販售一般的定食和海鮮丼、花蛤蜊丼。也是少數不需預約即可享用岩牡蠣、秋葉蟹、鰤魚涮涮鍋等季節限定美食的餐飲店。

夏天的岩牡蠣比冬天的真牡蠣肥美且營養豐富，直徑達十公分以上的大牡蠣讓視覺與口感一次滿足，被認為是最美味的牡蠣。沾檸檬汁生吃最為推薦。

松葉蟹的肉質厚實，無論做成生魚片或燒烤、火鍋、炸天婦羅，皆鮮美可口，又被稱為冬季日本海的美食帝王。

1 夏天是吃岩牡蠣的好季節。
2 冬天肥美厚實的松葉蟹，怎麼料理都好吃！
3 這裡也有海鮮丼定食。

- 京都府宮津市文珠 640-59
- 0772-22-2451
- 8：30～18：00，不定休。
- 岩牡蠣定食 ¥2375；松葉蟹套餐（かにづくしコース）¥5940
- 丹鐵「天橋立」或高速巴士「天橋立」站下車，出站即可看到。
- www.showabussan.jp/

四軒茶屋

智恩寺前的四軒茶屋：吉野茶屋、彥兵衛茶屋、勘七茶屋、千歲茶屋，都有販賣的天橋立名產「智惠之餅」，智惠之餅是在糯米團子上覆蓋大量的紅豆泥，類似三重縣的伊勢名產「赤福」，據說吃了智惠之餅就會增長智慧。

四軒茶屋的糯米糰子味道和紅豆泥的甜度各不相同，最接近山門的吉野茶屋甜度最低；勘七茶屋、千歲茶屋較甜，各茶屋通常有提供試吃，也可以先試一下再選擇自己喜歡的店家。

除了名產智惠之餅，吉野茶屋也販賣花蛤可樂餅、漢堡、甜品、冰品等，是小憩片刻的好選擇。

1 吉野茶屋的智惠之餅甜度最低。

2 花蛤可樂餅配啤酒相當過癮。

吉野茶屋

京都府宮津市文珠 468-1

0772-22-6860

9：30～18：30，冬季營業至 17：00，不定休。

智惠之餅（3 個）¥260；花蛤可樂餅 ¥200。

丹鐵「天橋立」或高速巴士「天橋立」站下，步行約 5 分鐘。

京都府宮津市中野 848
0772-27-0114
8：00～17：00
花枝丼（イカ丼）¥1650。
丹海交通巴士「元伊勢籠神社」下，步行5分鐘；或觀光船「一の宮」下，步行 10 分鐘。

花枝丼會依季節變換不同配菜。

Turuya 食堂

Turuya 食堂（つるや食堂）位於傘松公園纜車搭乘處附近，外面販賣以黑豆為主的土產，裡面可以用餐。最著名的料理是依季節變換食材的花枝丼，以白花枝、軟絲、冬烏賊等不同時期的美味花枝，配上銅藻及當季旬味，可一次品嘗到丹後半島的各種美味食材。冬天則可以品嘗鰤魚涮涮鍋定食，鰤魚是使用伊根養殖、肥美可口的寒鰤魚，但不一定每天都有，想吃得碰碰運氣。

Yoshinoya

同樣位於傘松公園纜車搭乘處附近的 Yoshinoya（よし乃や）的花蛤丼相當有名，常有電視節目或雜誌前來採訪。這裡的花蛤丼加入了雞蛋和芝麻油提味，花蛤蜊的鮮味和芝麻油的香氣搭配得恰到好處，令人一試難忘。每年五月前後的盛產季，還會自動升級為特大顆的花蛤蜊，期間、數量都限定！

除了花蛤蜊，這裡的花枝丼風格與 Turuya 食堂的完全不同，沒有其他鮮魚等配料，只單純放入花枝、些許佐料和白飯，鐵板花枝排吃得出花枝甜美，也很推薦。

1

2

1 這裡的花蛤丼相當有名。
2 鐵板花枝排鮮美多汁。
3 單純放入花枝的花枝丼，單純美味。

3

京都府宮津市大垣 48
0772-27-0125
8：00 ～ 17：00
花蛤丼 ¥1200
從丹海交通巴士「元伊勢籠神社」站步行 5 分鐘；或從觀光船「一の宮」步行 10 分鐘。

來天橋立住哪裡？

清輝樓

雖然住宿天橋立車站附近也不錯，但車站附近晚上幾乎沒地方可以吃飯，基本上只能選一泊二食或便利商店。而附近的宮津地區居酒屋多，想單住宿或一泊二食都可以，選擇比較多元，費用也比天橋立地區便宜。如果不怕移動麻煩，且喜歡純和風老舖旅館的風情，一定要入住看看三百年老字號旅館「清輝樓」及「茶六本館」一。

1 簡單的房間陳設，有濃濃和風老舖旅館風情。

2 清輝樓裡隨處可見文人墨客的作品。

2

清輝樓是創立於元祿年間（一六八八～一七〇四）的老舖旅館，為國家登錄有形文化財。自古即受到文人墨客的喜愛，來此投宿的文人雅士留下許多墨寶畫作，讓這裡宛如美術館般充滿濃厚的文藝氣息。

現在的建築物為三層樓木造建築，建於明治時代中期，約有百年歷史。一樓展示有明治時期的文學文藝作品，二、三樓則以江戶時代為主。老闆德田先生曾於國外留學，英文溝通完全沒問題，不懂日文的旅人也不用擔心。

京都府宮津市魚屋 937

0772-22-4123

京都丹後鐵道「宮津」站下車，步行 10 分鐘；或搭乘丹海巴士「海の京都 宮津」下，步行約 3 分鐘。

www.seikirou.co.jp/

茶六本館

和清輝樓一樣，同為三百年老字號旅館，茶六本館為三層式木造建築，創立於江戶時代中期的享保年間（一七一六～一七三六），是宮津歷史最久的老舖旅館之一，於二〇一〇年被登錄為國家有形文化財。

考量到並非人人都喜歡吃大餐，茶六本館也有推出較便宜的套餐供旅客選擇，附近還有居酒屋，就算只選擇住宿也不怕餓肚子。小坪數的房間內雖沒有衛浴，但設有溫泉浴場，可一次享受泡湯加美味料理的愜意旅行。

京都府宮津市魚屋 866
0772-22-3347
京都丹後鐵道「宮津」站下車，步行 13 分鐘；或搭乘丹海巴士「海の京都 宮津」下，步行約 3 分鐘。
www.charoku.jp/

1

2

1 茶六本館被登錄為國家有形文化財。
2 房間內沒有衛浴，但旅館設有大眾浴場。

宮津市街地旁的大手川。

交通資訊

從京都出發，搭乘特急列車於宮津站（天橋立前一站）下車，步行約8分鐘。

【更進一步】

宮津市街地

宮津遠從七世紀的奈良時代起就一直是丹後半島的政治、文化中心。十六世紀後期，以細川藤孝、忠興父子建立的「宮津城」為中心的城下町逐漸成形，江戶時代則是輸送物資的「北前船」停泊港口，發展盛極一時。可惜明治維新之後，做為象徵的宮津城拆除，城墎附近則被開發成一般的住宅區，城下町特有的風情已不復見。

現在以本町為中心的市街地為行政機關集中地，有別於熱門觀光地，氣氛靜謐，如果逛完天橋立等主要行程或於天橋立、宮津地區住宿，不妨來此探索一番。

舊三上家住宅

舊三上家住宅自江戶時代起，因經營造酒業、運輸業、絲綢業而成為首屈一指的商家。內部房間奢華，西園寺公望總理和有栖川宮熾仁親王也曾入住。庭園前的池子內有大大小小的烏龜約三十隻，模樣討喜，很有人氣。

1 內部房間望向庭園造景，十分有氣氛。

2 庭園小巧精緻。

京都府宮津市字河原 1850

0772-22-7529

9：00 ～ 17：00（最後入館時間 16：30）；12/29 ～ 1/3 公休。

大人 ¥350、中學生以下 ¥250。

從丹鐵「宮津站」步行約 15 分鐘。

www.amanohashidate.jp/mikamike/

金引瀑布

日本百大名瀑之一的金引瀑布（金引の滝），高四十公尺、寬二十公尺，從下仰望相當有魄力，夏季也是熱門的避暑勝地，常可見親子來此玩水郊遊。

需特別注意的是，此處春天可能有熊出沒，冬天路面則會結冰，因此這兩個時期不適合上山賞景。

京都府宮津市字滝馬

從宮津市街地步行約 20 分鐘；或於京都丹後鐵道「宮津」站搭乘巴士至「金引の滝口」下車，車程約 10 分鐘。

京丹後

京丹後地域廣大，海岸線美景最為著名，與但馬北部一樣是山陰海岸地質公園認定區域。而在這個綿延的美麗海岸線上，又以琴引濱、立岩最具知名度，也是本篇介紹的重點。與其他山陰海岸相同，夏天時可在此開心享受海水浴與和煦豔陽，冬天則能品嘗到美味的松葉蟹。不過，此處海景雖然漂亮，但點與點之間距離遠、交通較不便，若不是自駕，實在難以一次走完京丹後的景點。且冬天的日本海受來自北部的低氣壓影響，海浪極大且可能遇上大雪而動彈不得，如想來此欣賞美景，最好選在冬天以外的季節前來。

琴引濱

山陰海岸的明星級沙灘「琴引濱（琴引浜）」，為日本國家指定天然紀念物和名勝。在長達一．八公里的海岸線上，除了海水清澈見底，最特殊之處在於這裡的沙子是「鳴沙」，也就是會發出聲音的沙子！

琴引濱的沙中含有大量水晶，這些水晶沙與細小貝類的摩擦時，就會產生

行程推薦

5小時巴士遊：網野站→（巴士）琴引濱→（巴士）立岩→大成古墳→丹後古代之里資料館→丹後廳舍前→（巴士）網野站

交通資訊

從京都、大阪出發車程約3小時，京丹後位於兵庫縣豐岡和京都府天橋立之間，這裡和天橋立一樣，全域屬於京都丹後鐵道行駛範圍內，最主要交通方式是利用電車（JR＋京都丹後鐵道），但直達京丹後市的列車班次不多，通常需要在天橋立轉一次車。

「Gyu-gyu」聲響，如同沙灘會唱歌一般。不過想要聽到沙灘唱歌，可得要有好運氣。鳴沙發出聲音的必要條件是「乾燥」和「乾淨」的沙子，若沙中的水氣或雜質含量太高，就無法發出聲響。因此，為了保護這片乾淨無雜質的沙灘，沙灘上禁止抽菸。

琴引濱的夏天是最好玩的季節，這裡還有座小小的露天溫泉（需著泳裝，冬天封閉），游泳後順便泡個溫泉，體驗海水浴與溫泉的雙重享受。

京都府京丹後市網野町掛津地內

於網野或峰山車站搭乘丹後海陸巴士「間人、経ヶ岬」線，至「琴引浜」下後，行約 12 分鐘。

@ www.pref.kyoto.jp/tango/tango-doboku/miryoku_kotohiki.html

1 岸邊的露天溫泉。

2 仔細聽，有聽到沙灘在唱歌嗎？

2

3

琴引濱鳴沙文化館

如果來到琴引濱不幸碰上雨天，或是無法聽見神奇的「鳴沙」，可到附近的琴引濱鳴沙博物館體驗看看。一樓展示有來自世界各地的鳴沙，也可透過顯微鏡觀察鳴沙內的細小貝類，二樓則有漂流物的展示區。這裡也不定時會舉辦體驗活動或展示，如果不參加體驗活動，約一小時內就可全部逛完。

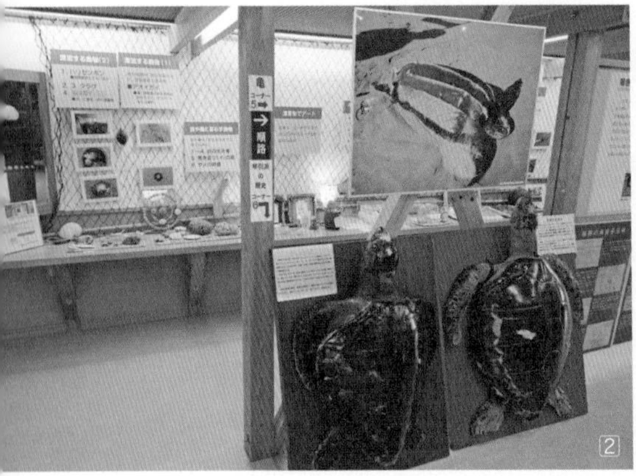

1 用顯微鏡可看到鳴沙中的水晶。
2 室內展示各種來自世界各地的鳴沙及漂流物。

京都府京丹後市網野町掛津 1250 番地
0772-72-5511
大人 ¥300、中～小學生 ¥100
9：00 ～ 17：00（最後入館 16：30）；週三、12/28 ～ 1/3 公休；7/20 ～ 8/31 無休。
於網野或峰山站前搭丹後海陸巴士「間人、経ヶ岬」線至「琴引浜」下車後， 行約 3 分鐘。
www.nakisuna.jp/

立岩是京丹後的象徵。

立岩、大成古墳

佇立於日本海上的立岩是高二十公尺、周長約一公里的柱狀玄武岩，相當壯麗，是京丹後的象徵。立岩有一個地方傳說，相傳用明天皇的第三位皇子麻呂子親王把在大江山作亂的惡鬼封印在立岩之中，直至現在，每當風強浪高的夜裡，偶爾還可聽到岩石中惡鬼的叫聲。沙灘上還立有望向日本海的間人皇后及聖德太子銅像，也是著名拍照景點。

而立岩附近的大成古墳群，來自古墳時代後期（六世紀末～七世紀初），用來做古墳的石頭就採自岸邊的玄武岩。出土物中有

土物、鐵器、瑪瑙勾玉及金環等物品，可以推測這些古墳應該是埋葬當時治理此地的貴族之處。因為古墳群位於高處，這裡可以看到立岩的另一面。若在這一帶住宿，還可以在這欣賞美麗的夕陽喔！

1 間人皇后及聖德太子銅像望向日本海。
2 大成古墳群。
3 這裡也是欣賞夕陽的好地方。

京都府京丹後市丹後町間人

於網野或峰山車站前搭丹後海陸巴士「間人、経ヶ岬」線，至「丹後庁舎前」下車後，行約 10 分。

www.pref.kyoto.jp/tango/tango-doboku/miryoku_tateiwa.html

丹後古代之里資料館

講到日本的古墳，大家通常第一個會想到奈良。其實京都的丹後王國所在地的京丹後市、謝野町一帶也有大規模的古墳群。京丹後市有彌生時代（約西元前三百年～西元二五〇年）日本國內最大級的「赤坂今井墳墓」，及日本海側最大的前方後圓墳「網野銚子山古墳」、「神明山古墳」等眾多古代日本遺跡。

京丹後市立古代之里資料館就收藏了日本繩文時代（約西元前一萬四千年～西元前三百年）到古墳時代（約西元二五〇年～西元六〇〇年末）的出土品，包含日本最古銅鏡「青龍三年銘方格規矩四神鏡」、象徵古代豪族權力的鏡、勾玉、劍等珍貴文物。

神明山古墳。

1 出土的文物。
2 戶外展示的的竪穴式住宅。

京都府京丹後市丹後町宮 108
0772-75-2431
大人 ¥300、中～小學生 ¥150。
9：30 ～ 16：00；週二、年末年初公休。
於網野或峰山車站前搭丹後海陸巴士「間人、経ヶ岬」線，至「丹後庁舍前」下車後，步行約 15 分鐘。
www.city.kyotango.lg.jp/museum/kodainosato/

美食之都・丹後王國休息站

占地三十二公頃，西日本最大的道路休息站「丹後王國」，不只是可以小憩片刻的地方，裡面多樣的美食及設施，可以花上個大半天，甚至住上一、兩晚都沒問題，徹底顛覆傳統道路休息站的觀念。

園區整體為歐風樣式，設有地中海料理餐廳、丹波短角牛牛排館等特色餐廳，到了夜晚，一百萬個LED燈照亮園區，氣氛非常浪漫。

1 歐風園區可以悠閒玩一整天。
2 夜晚的丹後王國被燈飾點綴得相當浪漫。

- 京都府京丹後市弥栄町鳥取123
- 0772-65-4193
- 9：00～22：00；各設施營業時間及休息不同，詳情請見官網。
- 於網野站前搭乘丹後海陸巴士「弥栄病院前」線，至「丹後王国食のみやこ」下車；或於網野站、豐山站搭乘丹後王國的免費接駁巴士，詳情請見官網。
- tango-kingdom.com/

1 各式各樣的美食，讓你選擇都困難。
2 海鮮丼、壽司等新鮮美味，絕對找得到！
3 奢華的金箔冰淇淋，快來嘗嘗是什麼滋味？
4 這裡也能吃到地中海料理。

到京丹後吃什麼?

壽司・Tori松

京都府丹後市的鄉土料理「丹後散壽司(丹後ばら寿司)」，據說是由位於網野的料理名店壽司・Tori松(寿司・とり松)松構思。丹後散壽司在第一、二層的醋飯間加入鯖魚肉，之後於上層醋飯灑上椎茸、竹筍、千絲蛋、魚板、紅生薑等食材，色彩繽紛、教人食指大動!在日本各地的散壽司中也相當有特色。除了Tori松，販賣丹後散壽司的料理店不少，在超市也可買到，有機會到丹後半島，不妨品嘗一下美味的丹後鄉土料理。

特色鄉土料理——丹後散壽司。

京都府京丹後市網野町網野146
0772-72-0429
午餐11:00～14:00，晚餐17:00～21:00，週二及第2、4個週一公休。
名物散壽司膳¥1300。
從丹後鐵路網野站步行約8分鐘。
torimatsu.jp/

來京丹後住哪裡？

Toto屋

Toto屋（とト屋）位於立岩附近，與大多數旅館相同，這裡提供溫泉、舒適的休息空間，以及使用新鮮魚貝類做成豐盛美味的旬料理。不但如此，這裡的老闆娘和員工都相當熱情，接待不像一般旅館那樣制式化，充滿彷彿回到家般的親切感。

Toto屋最大的特色就是提供各式各樣的體驗，池田老闆娘希望透過更多的體驗為地方帶來活力，因此號召居民成立「京丹後龍宮計畫（京丹後龍宮プロジェクト）」，旅客可在此品嘗日本酒、手作握壽司以及和服或浴衣體驗，還能

1

和漁師一起去丹後的藍色洞窟探險、製作季節限定的母松葉蟹丼飯（セコガニ丼）。雖然這些體驗都需額外付費，但絕對是別處難尋的特殊經歷喔！

1 晚餐是豐盛的旬料理。
2 食材使用許多新鮮魚貝類，毫不手軟。
3 熱情的池田老闆娘。
4 傳統的日式早餐。
5 房間比起其他旅館也毫不馬虎。

- 京都府京丹後市丹後町間人 566
- 0772-75-2639
- 季節及食材價差極大，詳細請查詢官網
- 於網野或峰山車站搭乘丹後海陸巴士「間人、経ヶ岬」線，於「丹後庁舍前」下， 行約 5 分；或事前聯絡旅館至網野或峰山站接送。
- u-10108.com/tw/

舞鶴

舞鶴距離京都市約兩小時車程，主要分成西舞鶴、中舞鶴和東舞鶴三大區，其中東舞鶴原來是日本舊海軍的港口，現在為日本海上自衛隊駐紮地。日本知名海軍將軍東鄉平八郎就是這裡的初代司令官。當時的海軍建築「紅磚建築群」保存良好，被國家指定為重要文化財。而舞鶴、橫須賀等四個舊軍港以「鎮守府橫須賀・吳・佐世保・舞鶴～體驗日本現代化躍動的城市」，於二〇一六年被登錄為日本遺產。

一九〇一年，以舞鶴鎮守府開廳，開啟了舞鶴的近代化發展。這裡自古以來也是有名的漁獲場，舞鶴成為集漁港、商港、軍港三港於一身的重要港口，是座名符其實的海洋城市。

交通資訊

往來東、西舞鶴的交通方式，可利用京都的交通巴士，或搭乘 JR 列車至西舞鶴或東舞鶴站，車程約 2 小時。

魚板通行證。

一日乘車券・魚板通行證

舞鶴當地的交通，最推薦購買「魚板通行證（かまぼこ手形）」。這張通行證可全日不限次數搭乘普通路線巴士和假日循環巴士，並可免費參觀紅磚博物館、五老天空塔、引揚紀念館，假日可搭乘舞鶴遊覽船，還有多處餐飲半價、特價等優惠，相當實用。

假日循環巴士

🕒 3 月中旬～ 11 月下旬每週六、日、國定假日。

🚌 藍色的東路線和紅色的西路線，每小時 1 班次運行。

西路線（西ループ）：JR 西舞鶴車站前→田邊城千日前→五老隧道西口→五老岳公園→五老隧道西口→西港郵輪埠頭→舞鶴港 Toretore center →西港郵輪埠頭→田邊城千日前→ JR 西舞鶴車站前

東路線（東ループ）：JR 東舞鶴車站前→駅前通三条→紅磚博物館前→舞鶴 Bay Plaza →引揚紀念館→舞鶴 Bay Plaza →紅磚博物館前→ 前通三条→ JR 東舞鶴車站前

@ www.maizuru-kanko.net/event/1day.php

推薦路線	所需時間	行程
散步路線	3 小時	東舞鶴車站→舞鶴紅磚公園→自衛隊北吸棧橋→東舞鶴車站
循環巴士路線	6 小時	西舞鶴車站→（巴士）五老岳公園→（巴士）Toretore 海鮮市場→（巴士）自衛隊北吸棧橋→舞鶴紅磚公園→東舞鶴車站

舞鶴灣遊覽船

如果想搭乘觀光船，我個人推薦搭乘海軍港灣遊覽船，可以近距離看船艦，趣味十足。而引揚線觀光船的含意來自於日本二戰戰敗後，派出許多船隻將滯留於海外的日本人帶回日本，日文稱「引揚」，當時舞鶴就是其中一個引揚港，因此引揚線的路線可遠眺這處曾經被當成引揚港口的地方。

☎ 0773-75-8600

🕒 3 月中旬～ 11 月下旬的每週六、日和國定假日。

推薦路線	所需時間	運行班次	票價
海軍港灣遊覽船（海軍ゆかりの港めぐり遊覧船）	30 分鐘	11：00／12：00／13：00	大人 ¥1000、3 ～ 12 歲 ¥500、2 歲以下免費。持魚板通行證半價。
引揚港灣遊覽船（引揚ゆかりの港めぐり遊覧船）	45 分鐘	14：00	大人 ¥1200、3 ～ 12 歲 ¥600、2 歲以下免費。持魚板通行證半價。

🚗 從 JR 東舞鶴站步行約 15 分鐘；或搭東循環巴士至「紅磚博物館（赤れんが博物館）」下車；或搭乘路線巴士至「市役所前」下車後，步行 3 分鐘。

@ www.maizuru-kanko.net/recommend/cruise/

京都府舞鶴市南田辺 15-22
0773-76-7211
9：00～17：00；週一、12/29～1/3 公休。
從 JR 西舞鶴站步行約 6 分鐘。
www.maizuru-kanko.net/spot/sightseeing/tanabejyo.php

1 這裡曾是田邊城所在地。
2 當地居民喜歡於櫻花時節，坐在樹下野餐。

舞鶴公園

位於西舞鶴車站附近的舞鶴公園，原本是細川幽齋受織田信長之命平定丹後地區後，建築「田邊城」的所在地，至明治時代廢城。之後先在一九四〇年重建了兩層的櫓（監視或指揮作戰用的建築物），然後在一九九七年將城門復原，城跡內變成民眾休憩的大眾公園，櫓的二樓有一個展示空間，展示以前的照片及田邊城模型。舞鶴公園內種有約一百棵櫻花，雖然數量不多，但在春天造訪舞鶴，也是旅程中美麗的小禮物。

五老岳公園

五老岳公園位於東舞鶴和西舞鶴之間，在「近畿百景」中排行第一，從這裡可以眺望舞鶴美麗的溺灣海岸。

坐落公園中的五老天空塔（五老スカイタワー）高三百二十五公尺，登上天空塔能三六〇度欣賞到舞鶴港和舞鶴市街地，景色相當壯觀。天空塔旁還有觀景餐廳，若搭乘循環巴士上來，看完五老岳的景色後，可以來這裡休息片刻，順便等待下一班巴士到來。

舞鶴灣秋季與紅葉相映襯，風景絕美。

1 可 360 度觀景的五老塔展望臺。
2 夕日雪景。
3 有丹後富士之稱的建部山。

舞鶴市字上安 237

0773-66-2852

4 月～ 11 月	平日 9：00 ～ 19：00（最後入館 18：30） 假日 9：00 ～ 21：00（最後入館 20：30）
12 月～ 3 月	9：00 ～ 17：00（最後入館 16：30）

五老天空塔大人 ¥200、中～小學生 ¥100；持魚板通行證免費。

搭西循環巴士於「五老岳公園」下車。

goro-sky.jp/

舞鶴紅磚公園

東舞鶴全區共有十二棟紅磚建築，是舞鶴最著名的景點，這些紅磚倉庫原本是舊海軍的兵器倉庫，最古老的建於一九〇一年，歷經百年時光仍保存得相當良好，是國家指定的重要文化財及近代化產業遺跡、日本文化遺產。這些紅磚建築頗具二十世紀初期的氣氛，常是電影拍攝地或卡通的背景地，吸引不少粉絲前來朝聖，也變成舞鶴另類的觀光資源。

舞鶴紅磚公園（舞鶴赤れんがパーク）建築群中的一～四號棟平常開放進入參觀，五號棟則是活動展場，不定時開展。

紅磚博物館（赤れんが博物館）為一號棟，是日本最古老的鐵筋結構建築之一，原本是放置魚雷的倉庫，一九九三

紅磚建築搭配雪景的靜謐之美。

2

1

3

年改成博物館，以「磚」為主題對外開放。除了收集不少世界各地的磚頭、介紹世界知名的紅磚建築，最特別的是內部重現了一座霍夫曼式窯（圓窯），介紹磚頭的製法。

二號棟的舞鶴市政紀念館，在二戰結束後被當成行政機關的廳舍，之後成為市民交流場所。裡面的咖啡簡餐店「JAZZ」內可享用到舞鶴著名的海軍咖哩飯以及咖啡、甜點。

三號棟的舞鶴智慧藏（まいづる智恵蔵）自二〇〇七年對外開放，一、二樓展示日本舊海軍資料，一樓也有販賣土特產和紀念品，想買海軍咖哩調理包，這裡就能找到！

1 走入紅磚倉庫，彷彿來到歐洲。
2 二號棟的舞鶴市政紀念館。
3 三號棟前的郵筒也是人氣拍照點。
4 三號棟內部展示歷史文物。
5 紅磚博物館收集不少世界各地的磚頭。

4

5

舞鶴市北吸 1039-2
0773-66-1096
9：00～17：00（最後入館 16：30），年末年初公休。
$ 紅磚博物館大人 ¥300、學生 ¥150，持魚板通行證免費。
從 JR 東舞鶴站步行約 15 分鐘；或搭東循環巴士至「紅磚博物館（赤れんが博物館）」下車；或搭路線巴士至「市役所前」下車，步行 3 分鐘。
@ www.akarenga-park.com

海上自衛隊・舞鶴基地・北吸棧橋

位於東舞鶴紅磚公園附近的海上自衛隊基地，通常週六、日會對外開放參觀。自衛隊雖然不是軍隊，但和軍隊性質也差不多，整體和臺灣軍區感覺差不多，但允許拍照。

若有看過《名偵探柯南》電影版「絕海的偵探（絶海の探偵）」，故事的主要舞臺就在舞鶴。運氣好的朋友還可能看到充滿魄力的神盾艦停在港口，是軍艦迷和柯南迷不能錯過的景點！另外，如果是非週六、日前來，也可從紅磚倉庫群看到停泊在港口的船艦呢。

1 軍艦迷進來想必會開心到不行！
2 可以超近距離欣賞軍艦。

2

舞鶴市余部下 1190

0773-62-2250

週六、日、國定假日 09：00 ～ 16：00，詳細開放日期請參照官網，月曆上有顏色的地方就是有開放的日期。

$ 免費，團體參觀需事先預約

從 JR 東舞鶴站步行 25 分鐘；搭東循環巴士至「紅磚博物館（赤れんが博物館）」下，步行 10 分鐘；或搭路線巴士至「自衛隊栈橋前」下車；從紅磚公園步行約 7 分鐘。

@ www.mod.go.jp/msdf/maizuru/kengaku/sanbasi.html

舞鶴自然文化園

關西地區首屈一指的紫陽花觀賞地，日本人形容此處的紫陽花是「一目十萬本」，也就是一眼可看到十萬株的紫陽花！也許你會懷疑，真有那麼多嗎？相信來這裡親眼看看，你就不會懷疑這個數目了。根據園方人員說，近年來紫陽花的數量從原先的五萬株增加到約十萬株，壯觀度更勝從前。

紫陽花的花期約為六月中旬～七月中旬，雖然交通不太方便，但看到現場滿山滿谷的紫陽花，一定讓你大呼值得。除此之外，展示室內也有各種各色的紫陽花可以欣賞。

這裡的椿花（茶花）也很有名，每年三月中旬到四月上旬是椿花的開花時期，園內也收集了日本以及世界各地的椿花，目前共有一千五百種、三萬棵左右的椿花，規模之大在日本數一數二。園內並設有兩座溫室，即使下雨也不會敗興而歸。

京都府舞鶴市多祢寺 24-12

0773-68-1187

3 月～ 9 月	09：00 ～ 17：00
10 月～ 2 月	09：00 ～ 16：30
12/29 ～ 1/3	休園

$ 紫陽花、椿花期間大人 ¥300、小孩 ¥150；持魚板通行證免費。

JR 東舞鶴站前第 2 號乘車口搭乘巴士「三浜線」，至「自然文化園」下車。

@ maizuru-hanamidori.com/

1 關西規模最大的紫陽花觀賞地。

2 一目十萬本的壯觀景象。

3 這裡的椿花也很有名，種類也很多。

4 紫陽花小徑。

1

吉原

充分利用舞鶴的內灣潮汐變化小的優點，在西舞鶴的吉原地區有條長約四百公尺的水道，居民臨水而居、以船代步，密集的老房子並排於運河兩側，構成與伊根不同風情的水上人家，有「舞鶴威尼斯」之稱。

雖然這裡景色優美，不過附近小路實在不少，地圖起不了什麼大作用，如果想造訪這個風情別具的地方，可用地圖 APP 搜尋「水無月神社」，以此為中心漫無目的的恣意閒逛一番，感受一下水上人家的氣氛。

1 舞鶴的水上威尼斯。
2 與伊根的舟屋又是不同氣氛。
3 水無月神社。
4 冬季的雪景更添靜謐。

3

2

4

京都府舞鶴市字東吉原小字東吉原町（此為水無月神社地址）。
於 JR 西舞鶴站下車步行 30 分鐘，騎自行車約 15 分鐘；或搭巴士至「広小路」下車，步行約 10 分鐘（巴士班次不多，較不推薦）。

到舞鶴吃什麼?

舞鶴港 Toretore 海鮮市場

旅行除了看美景，也不能忘記品嘗美食，要吃生猛海鮮，西舞鶴的Toretore海鮮市場（舞鶴港とれとれセンター）最為推薦！這裡販售當季水產，而且有數間店家提供現場燒烤服務，一盤盤的海鮮會標示價格，現點現烤，約需等待十分鐘。點餐後店家會給一個呼叫器，等呼叫器響，就可以享用美味的生猛海鮮了。

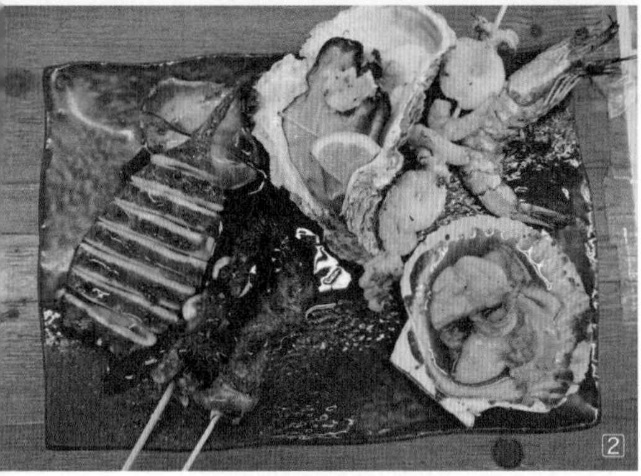

1 可在市場內尋找你想吃的各式海鮮。
2 有些店家提供現烤，馬上就能吃到新鮮烤物！

- 京都府舞鶴市字下福井 905
- 0773-75-6125
- 9：00 ～ 18：00，週三公休。
- 搭西循環巴士至「舞鶴港 Toretore center（舞鶴港とれとれセンター）」下；或搭路線巴士大江線「Toretore center（とれとれセンター前）」下車。
- www.toretore.org

海軍咖哩

海軍出任務時，因為必須長期面對單調的海上景色，久而久之就對「週」的感覺變得遲鈍。為了改善這個問題，海軍有所謂的「週五的咖哩」，也就是每週五固定提供咖哩飯，藉此喚起海兵對「週」的感覺。現在，週五的咖哩不但變成海上自衛隊的代表餐點，也是各艦隊相互競爭料理手藝的舞臺，因此只要有艦隊的地方，咖哩都相當美味且出名。除了舞鶴市政紀念館的JAZZ，引揚紀念館的餐廳也有販售，不過紀念館地點較偏僻，想品嘗海軍咖哩飯，在舞鶴市內很多餐廳都可以找到喔！

1

2

1 紅磚倉庫二號棟內的 JAZZ 也有販售海軍咖哩。

2 舞鶴市內許多餐廳都可吃到海軍咖哩。

更進一步

綾部・黑谷

黑谷是位於舞鶴與綾部之間的小村子，在行政地區畫分上屬於綾部市，但緊鄰西舞鶴，從西舞鶴過去反而比較近。據說這裡的居民是在源平大戰後，落敗的平家武士逃至此處定居。

這裡自然資源豐富，自古便以製紙聞名，所生產的和紙稱「黑谷和紙」，已有八百年歷史。黑谷至今仍遵循古法的純手工製作，以前主要用作日式拉門的障子紙或包裹於燈籠外的燈籠紙，現在則開發出明信片、信封、名片夾等多種產品，被京都府指定為無形文化財。

1

1 黑谷是相當靜謐的小村落。
2 黑谷直到現在仍使用古法製紙。
3 正在曬和紙使用的樹皮原料。
4 各種精美的和紙製品。
5 黑谷和紙會館

- 京都府綾部市黑谷町東谷 3
- 0773-44-0213
- 9：00 ～ 16：30；週六、日及國定假日公休。
- 於 JR 真倉站（西舞鶴往南一站）下車，步行約 45 分鐘；或於綾部站南口搭綾部巴士黑谷線（あやバス黑谷線）至「 谷和紙会館前」下車後，步行 2 分鐘。※ 但每天僅 4 班車，請參考綾部巴士時刻表：www.city.ayabe.lg.jp/ayabus/unchin/jikokuhyo/kurotani.html。
- 手作明信片體驗 ¥700（需 5 人以上，1 週前預約）。
- kurotaniwashi.jp/

福知山

福知山所處地點極佳，剛好約位於太平洋和日本海的中間點，想到天橋立或城崎溫泉，這裡幾乎是必經之地。但很可惜的是，這裡除了福知山城並沒有特別知名的景點，通常只被當作交通中繼站。因此，近來福知山積極推廣「甜點觀光」，喜歡甜點的朋友也可以在此小做停留，品嘗美味的甜點滋味。

另外有個櫻花季和紅葉季的安排建議，這兩個熱門旅遊季節通常京都、大阪一房難求，且價格貴得離譜。若你持有 JR PASS 或 JR 關西廣域周遊券，可考慮選擇入住福知山或舞鶴附近的飯店，價格便宜又好訂房。

交通資訊

從京都、大阪出發，乘坐特急列車福知山站，車程約 1.5 小時。

推薦路線

2 小時散步路線：福知山車站→福知山城→治水紀念館→御靈神社→福知山車站

1 福知山城的轉用石為全日本最多。
2 豐磐井是日本城中深度最深的井。

福知山城

「敵人就在本能寺。」這句話可說是改變了整個日本戰國時代的歷史！

和明智光秀大有關聯的福知山城是一五七九年（天正七年）時，明智光秀平定丹波國（龜岡、福知山一帶）後所築之城，並由女婿明智秀滿出任城主。福知山城的天守是由三層三階的大天守及二層二階小天守構成。由於位於福知山盆地中央的丘陵上，也有「臥龍城」之稱。

福知山城規模很小，就日本城堡來講其實並無特別顯眼之處，不過這小小的福知山城卻有兩個日本之最——轉用石和豐磐井。

福知山城的石垣大量使用轉用石（寶篋印塔等的石造物）建成，數量多達五百個，是全日本最多、密度最高。著名的大和郡山城及姬路城也有使用石臼或石棺等轉用石，但數量比福知山城少很多。

京都府福知山市字內記 5
0773-23-9564
9：00～17：00（最後入館時間 16：30）；週二、12/28～12/31、1/4～1/6 公休。
鄉土資料館（天守內）大人 ¥320、小孩 ¥160。
從 JR 福知山站步行約 10 分鐘。
dokkoise.com/

而天守東側、深達五十公尺的豐磐井，是日本城之中深度最深的井，從山頂一直挖到海平面七公尺以下，即使放到今日也是難以想像的大工程。

福知山城的櫻花數量約四十棵，雖然不多，但福知山城範圍不大，很容易被滿開的櫻花填滿，所以春櫻時期的風景最為推薦。

3 櫻花季節，福知山城也很熱鬧。
4 雖然櫻花規模不大，卻小巧豐富。

福知山市治水紀念館

治水紀念館由明治十三年的町家建築改造而成，古色古香。因福知山附近的地形關係，流經福知山的由良川自古即容易氾濫成災，「對抗水患」變成當地人必然面對的課題，因此福知山的傳統建築會在屋內設有滑車，以便淹水時能將一樓的貨物或家當快速搬到二樓或三樓，相當罕見。紀念館內除了保留以前的建築樣式，也展示了以前的家具用品及影片播放。

1 古代使用的滑車。
2 傳統建築的透視模型。

京都府福知山市字下柳 39
0773-22-4200
9：00 ～ 17：00；
週二、12/29 ～ 1/3 公休。
從 JR 福知山站步行約 20 分鐘。

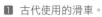

1 御靈神社小巧可愛。

2 御靈神社附近的路上可看見傳統舞蹈「福知山音頭」銅像。

御靈神社

主祭神是司掌五穀豐收商業繁盛的宇賀御靈大神和明智光秀，原建於福知山城下，後來移至現在的地點。神社內保存了明智光秀所寫的書狀與軍規的「家中軍法」等文書。雖然明智光秀因為本能寺之變被稱為逆臣，卻因修造福知山城、築長堤防水患等功蹟，受到福知山民眾愛載。

京都府福福知山市中ノ町 238
0773-22-2255
從 JR 福知山站步行約 10 分鐘。

丹州觀音寺

位於福知山的觀音寺是京都府著名的紫陽花觀賞名所，境內有共一百種、總計一萬株左右的紫陽花，也稱為紫陽花寺。白色、藍色、紫色、粉紅色等色彩鮮豔的花朵覆滿寺內全境，宛如淨土世界般的景色，讓丹州觀音寺有「花淨土」之稱。

這裡也不只能欣賞紫陽花，立春前後的蠟梅、春天的櫻花、五月的紫藤花、晚秋的紅葉，在不同時節來到丹州觀音寺，都能欣賞美麗的花朵，不愧是座名符其實的花寺啊。

京都府福知山市觀音寺 1067
0773-27-1618
9：00～17：00
紫陽花期間 ¥350
從 JR 石原站步行約 15 分鐘。但注意石原站出口並無明顯指示牌，如欲前往請用 Google Map 等地圖 APP 搜尋定位。
www.tanba-ajisaidera.com/

1 寺內飼養的雞身形美麗，於庭園中肆意奔跑。
2 有「花淨土」之稱的觀音寺紫陽花。
3 觀音寺本堂前也有盛開的紫陽花。

2

3

大江・元伊勢三社

距離福知山市中心約半小時車程的大江町有著許多古老傳說，除了是著名的大妖怪酒吞童子的根據地，也是伊勢神宮的故鄉之一。

元伊勢三社分別指元伊勢內宮・皇大神社（內宮）、豐受大神社（外宮）、天岩戶神社。祭祀天照大神的皇大神社，建築是唯一神明造，鳥居則是日本少見的黑木鳥居（嵐山的野宮神社也是黑木鳥居）。境內共有八十三個小神社、以ㄇ字形圍繞著本殿，通往神社的參道上古杉林立，更添一絲神祕氣息。

天岩戶神社建在峭壁上，要上去必須拉著崖邊的鐵鍊爬上去，雖然不大卻非

1

1 元伊勢內宮 ‧ 皇大神社。
2 日室嶽是當地有名的能量點。
3 天岩戶神社建在峭壁上。
4 密林中的參道。

常有特色。旁邊的巨岩是神話中有登場的天岩戶（和浦島太郎傳說一樣，日本的天岩戶也很多）。

在皇大神社和天岩戶之間會經過日室嶽（日浦岳、岩戶山）的遙拜所，夏至那天，太陽會經過日室嶽山頂下山，是當地有名的能量點。這一帶因為交通不便，平常也少有旅客到來，可說是祕境中的祕境。

京都府福知山市大江町內宮 217

從丹鐵宮福線「大江山口內宮」站步行約 15 分鐘。

到福知山吃什麼？

足立音衛門

日本著名的栗子甜點店，本店就位於福知山城下，和洋折衷的百年建築物是京都府指定文化財。

足立音衛門販賣各式各樣的蛋糕，其中最有名的仍是栗子蛋糕。這裡的栗子蛋糕選用日本丹波栗、歐洲栗、智利栗等各國栗子做成，根據食材等級不同，有些栗子蛋糕甚至要上萬日幣、堪稱日本最高級的蛋糕！除了店頭販售，在許多百貨公司地下街也可買到足立音衛門的美味甜點。

1 栗子蛋糕是招牌甜點。
2 一條上萬日圓的栗子蛋糕！

京都府福知山市內記 44-18
0773-24-2043
9：00～18：30；1/1 公休。
從 JR 福知山站下步行約 10 分鐘。
www.otoemon.com/

更進一步

京都丹後鐵道・觀光列車

北近畿丹後鐵道（前KTR）重金請來知名的鐵道設計師水戶岡銳治，打造了擁有純正觀光列車血統的青松號、赤松號、黑松號。

青松號和赤松號的內裝以日本海的白砂青松為主要設計元素，還有各種獨特多樣的座席：吧檯式、沙發、雙人座、四人座……每個位置都讓人想坐上去看看不同角度的風景。除此之外，從吊環到行李置放處等小細節，也可窺見設計師的巧思。

赤松號除了有專門的解說員沿途解說景點，在宮津和西舞鶴之間的「丹後由良」到「丹後

赤松號。

神崎」有段長五百五十二公尺的海上鐵道，當列車經過由良鐵橋會暫時停車，彷彿身處電影《神隱少女》的海上列車，乘客們可以盡情拍攝、享受眼前海景的特別服務，是赤松號最大的賣點。

黑松號車內以天然木材為主，演繹出沉穩的高質感空間。黑松號有三大特色：在地的絕景、美食與交流。列車路線及提供的料理會隨季節變化改變。搭上熱門的觀光列車，一邊欣賞流動於窗外的景色，一邊品嘗使用丹後在地食材製作的料理，來個視覺、味覺與在地交流三重奏下的美好在地旅程。

1

2

3

4

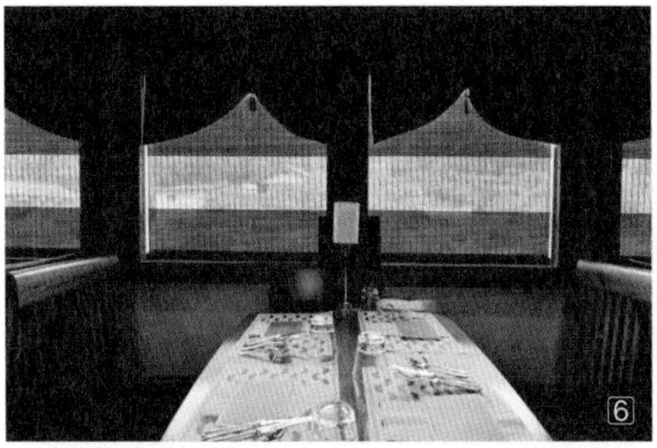

1 赤松號內部洋溢橘紅的活潑氣息。
2 青松號。
3 青松號大面通透的觀景窗。
4 青松號各種不同角度的座位。
5 黑松號。
6 黑松號內部陳設更沉穩內斂。
7 使用丹後在地食材製作的料理。
8 料理內容會依季節更換。

青松號	不需預約、不需額外付費，可說是加質不加價的最佳代表！可直接查詢發車時刻與站名搭乘，全車自由席。
赤松號	需預約，並支付車資＋ ¥540 乘車費。 乘車人數最多 30 名，如果沒有預約剛好遇到車上還有空位，可直接向赤松號服務人員購買乘車券。 赤松號最後連接一輛黃色普通車廂，若沒預約也可直接乘坐黃色普通車廂。
黑松號	運行時間為每週五～日及國定假日。 完全預約制，出發日 3 個月前開始預約。 搭乘方案通常有甜點方案（スイーツコース）、午餐方案（ランチコース）、地酒方案（地酒コース）3 種。

更多詳細資訊請見京都丹後鐵道官網：trains.willer.co.jp/

輯三

福井縣 若狹地區

位於福井縣南邊，緊鄰日本海，海水乾淨清澈的若狹地區，一到夏天就熱鬧滾滾，這裡也有一條具歷史意義的「鯖魚街道」，使大海成為若狹地區最重要的角色。

小濱

位於福井縣、有「小京都」之稱的小濱，除了有國家指定名勝「蘇洞門」，重要傳統建築群的三丁町也是著名景點。有趣的是，小濱的日文發音「OBAMA」剛好與美國第四十四任總統歐巴馬的名字發音相同，所以在這裡可以看到很多和歐巴馬有關的周邊商品或標誌，成為小濱另類的觀光主題。

小濱地區的景點不近不遠，最推薦的方式就是到車站旁的觀光諮詢處租輛自行車，騎自行車逛一圈約三小時；若對體力有信心，也可以全程步行。不過路標非常少，一定要使用手機地圖。

行程推薦

3 小時自行車路線：小濱車站→旭座→鯖魚街道起點→若狹漁人碼頭→御食國若狹小濱食文化館→三丁町→空印寺→八幡神社→小濱車站（若想坐船去蘇洞門或體驗磨筷子，則需要加 1 小時）

交通資訊

從大阪出發搭往敦賀站的電車，再轉搭 JR 巴士若江線至小濱站下車，車程約 2～3 小時。

從京都出發，於京都站搭至東舞鶴站，轉搭「小浜、敦賀線」至「若狭高浜」，在轉搭至「小浜」，車程約 2～3 小時。

沒有 JR PASS 也可在京都車站乘坐往小濱的高速巴士（若狭舞鶴エクスプレス京都 1 号），車程約 3 小時，車資約 3000 日圓。

自行車出租

若狹小濱觀光詢問處（JR 小濱車站內）
0770 52 2082
9：00～17：00
¥300（2 小時）、¥500（4 小時）、¥1000（8 小時）

1. 三丁町的復古街道，氣氛十足。
2. 三丁町內也有咖啡廳可休息，非常愜意。
3. 小濱街道上也常能看到歐巴馬的蹤影。
4. 以歐巴馬命名的小濱名產。

休息站・旭座

位於市中心的複合型設施，以明治時期戲劇演出、交流用的木造建築「旭座」為中心，設有土特產及飲食的販賣區、舉行活動或提供旅客休息的戶外廣場。

像旭座的明治時期建築於日本各地都有，鼎盛時期據說超過三千座，但隨著時代演變，目前日本僅存三十餘座，相當珍貴，因此旭座也被小濱市列為市指定文化財。旭座內懸吊的海報雖不是以前流傳下來的，但仍然復古可愛，頗有氣氛。

休息站內的餐廳 Kanematsu（かねまつ）除了提供港口常見的海鮮丼等丼飯料理，也有少見的鯖魚生魚片，想嘗鮮的朋友可以試試。

1 旭座以前是戲劇演出的地方。
2 牆上掛有許多復古海報，頗具氣氛。

- 福井県小浜市白鬚 111-1
- 0770-52-2000
- 情報提供、休憩設施、戶外廣場 9：00～20：00（冬季到 18：00）；特產、飲食販賣 11：00～19：30（冬季到 17：30）；週二、12/29～1/3 公休。
- 從 JR 小濱車站步行約 5 分鐘。
- www.obama-machinoeki.net/

福井県小浜市小浜広峰 14（いづみ町商店街內）
9：00 ～ 17：00；年末年初公休。
從 JR 小濱車站步行約 5 分鐘。
@ wakasa-obama.jp/TouristAttract/TouristAttractDetail.php?61

1 鯖魚街道看來像一般商店街，其實滿是歷史。
2 小濱有名的特產——鯖魚。
3 鯖魚資料館內述說了鯖魚搬運的歷史。
4 還可看到當時許多珍貴文物。

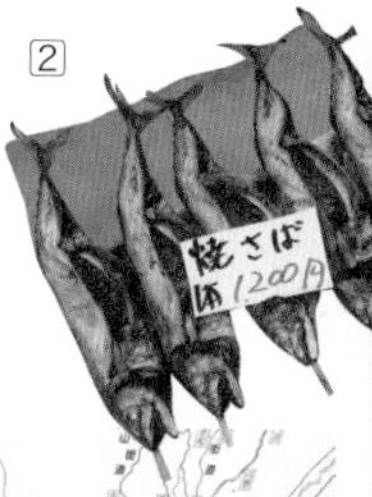

鯖魚街道起點、鯖魚街道資料館

在旭座附近的商店街雖然外觀不大起眼，不過這裡可是與京都市飲食息息相關、鼎鼎有名的「鯖魚街道的起點（さば街道起点）」。畢竟對距離海邊七、八十公里遠、魚貨入手不易的京都市人來說，鯖魚是非常貴重的存在，將小濱的鯖魚運到京都的道路即被稱為「鯖魚街道」。

鯖魚街道起點附近有一間小巧的「鯖魚街道資料館（鯖街道資料館）」，裡面介紹了鯖魚街道的歷史及主要通行道路，也展示了搬運鯖魚的用具。

蘇洞門

小濱最具代表性的景點「蘇洞門」位在小濱北部的內外海半島，為花崗岩海蝕洞，岩石受日本海的海浪日夜侵蝕，形成獨特天然景觀，被CNN選為「日本最美的三十一個景點」之一，也是國家指定名勝。

1

2

往蘇洞門的觀光船售票窗口就設在距離小濱車站步行十分鐘的道路休息站「若狹漁人碼頭（若狭フィッシャーマンズ・ワーフ）」，這裡也販賣福井縣的土特產，可以用餐、索取觀光情報。

從若狹漁人碼頭到蘇洞門這段長約六公里的航線中，沿途可見唐船島、夫婦龜岩等奇岩怪石及斷崖瀑布，光是一路上的風景就目不暇給。觀光船來回約五十分鐘，不過船班受季節及天候影響，如計畫前往蘇洞門，最好先查詢官網才不會撲空喔。

1 開往蘇洞門途中遇見的斷崖瀑布。
2 蘇洞門。
3 若狹漁人碼頭可買土特產。
4 觀光船班易受天候影響，出發前最好先查詢官網。

- 福井県小浜市川崎 1-3-2
- 0770-52-3111
- 休息站營業時間

4 月～ 11 月	8：30 ～ 17：00
12 月～ 3 月	9：00 ～ 17：00
12/31 ～ 1/1	公休

船班：3 ～ 11 月 9：00 ～ 16：00 每整點一班；12 月～ 2 月停航（可能因季節及天候因素停航，事前請查詢官網）。

- 成人 ¥2000；小學生以下 ¥1000。
- 從 JR 小濱車站步行 10 分鐘抵達售票碼頭，航程來回約 50 分鐘。
- www.wakasa-fishermans.com/

御食國・若狹小濱食文化館

若狹漁人碼頭附近的御食國若狹小濱食文化館，一樓介紹了福井縣的傳統建築及鯖魚料理，還能看到以前諸大名享用的各種餐點模型、日本各地雜煮差異，相當有趣。側門有免費足湯可以泡腳，想泡湯的話也有付費溫泉「濱之湯」；二樓是紀念品販賣區和紙、磨筷子等傳統工藝體驗教室「若狹工房」。

「若狹塗」是小濱特有的漆器工藝，多用在容器或筷子上。若狹塗筷子在日本知名度很高，占日本漆筷市占率八成以上，是小濱重要的工藝出口品，包含美國總統歐巴馬在內的諸多名人，都曾收過小濱的若狹塗筷子禮品。

這裡的磨筷子體驗重現度很高，現場有老師指導並做最後的拋光，整個過程大概四十分鐘，就可以獲得一雙專屬自己的若狹塗筷子了！

1

3

2

5

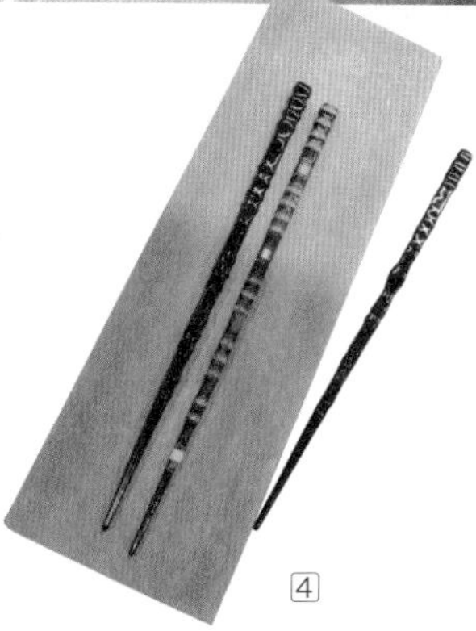
4

1 文化館內重現古早民居樣貌。
2 體驗製作若狹塗筷子。
3 最後職人會幫忙拋光。
4 筷子打磨前後的差別。
5 館外有免費足湯。

福井県小浜市川崎 3 丁目 4 番
0770-53-1000

3/1 ～ 11/31	9：00 ～ 18：00
12/1 ～ 2 月底	9：00 ～ 17：00
週三、12/28 ～ 1/5	公休

$ 磨筷子體驗 ¥900
從 JR 小濱車站步行約 15 分鐘。
@ www1.city.obama.fukui.jp/obm/mermaid/

1

三丁町

小濱自古即與京都有很深的往來，直至現在，其生活、建築、文化都受到京都影響。小濱市內的老街非常多，其中保存最好的是位在小濱公園附近、被稱為「三丁町」的茶屋街，這一帶被國家指定為「傳統的建造物群保存地區」。

三丁町和京都祇園氣氛非常相似，街道處處散發著靜謐與古典的氣息，這裡的民家、茶屋幾乎都是千本格子的欄間設計，門前大多掛著京都「猴子神社」之稱的八坂庚申堂的猴子吊飾，模樣可愛。

漫步三丁町，欣賞建築物之餘，不

妨隨意走進一間喜歡的料亭或咖啡廳品嘗美食，度過片刻悠閒。雖然三丁町離車站有段距離，但我覺得是僅次於蘇洞門最值得造訪的景點。

1 房舍均為千本格子的欄間設計。
2 門前掛著的猴子吊飾。
3 隨意走進的咖啡廳「Bonne-cura」，內部空間小巧溫馨。
4 品嘗美味甜點，享受片刻悠閒。

福井県小浜市小浜香取
從 JR 小濱車站步行約 20 分鐘。
@ wakasa-obama.jp/TouristAttract/TouristAttractDetail.php?57

常高寺

常高寺供奉的是戰國時代著名的美女、淺井三姐妹的「阿初」。她是戰國時期大名京極高次的正室，京極高次死後，阿初出家，法號常高院。常高寺就是常高院為了弔祭丈夫而發願所建的寺院，常高院也埋葬於此。

常高寺近代曾歷經兩次大火、幾近廢寺，終於在二〇〇一年重建，目前寺內仍保有常高院的肖像畫、信件及江戶時代狩野派畫家狩野美信所繪的壁畫及襖繪等。最推薦的造訪季節為六月的花菖蒲和十一月的紅葉，是常高寺最美的時節。

1 常高寺幾經祝融，本堂為之後重建。
2 通往常高院墓地的小徑。
3 盛開的花昌浦。
4 滿園花昌浦將寺院點綴得熱鬧許多。
5 小巧安靜的庭園。

福井県小浜市小浜浅間 1 番地
0770-53-2327
9：00 ～ 16：00；1/1 ～ 1/4、8/6 ～ 8/17、9/27 公休。
¥400
從 JR 小濱車站步行約 15 分鐘。
jyoukouin.jimdo.com/

④

⑤

空印寺

創建年間不詳，本尊供奉馬頭觀音，小濱藩藩主酒井家的菩提所與墓地也在這裡。和寺院的起源相比，這裡的傳說更具魅力，因為日本著名傳說之一「八百比丘尼」的舞臺就在小濱。

傳說中，誤食了人魚肉而獲得長生不老的村姑，幾經死別後出家為尼。活了八百年的八百比丘尼走遍日本各地後回到小濱，她入定的山洞就在空印寺境內。空印寺境內免參拜費，但如果要看八百比丘尼像（八百姬菩薩像），需付費進入本堂才看得到。

1 相傳八百比丘尼吃了人魚肉，小濱海邊還立有人魚像。
2 八百比丘尼入定的山洞。
3 本堂內供奉八百比丘尼像。

- 福井県小浜市小浜男山 2
- 0770-52-1936
- 9：00 ～ 17：00
- 本堂 ¥400
- 從 JR 小濱車站步行約 15 分鐘。
- wakasa-obama.jp/TouristAttract/TouristAttractDetail.php?29

八幡神社

據說八幡神社建於西元七六九年，主祭神是日本第十五代天皇應神天皇和神功皇后，一般也稱這裡為小濱八幡社。八幡神社最有名的是祭典，每年九月中旬會舉行若狹地區最大的秋祭「放生祭」。已有三百年歷史的放生祭受京都祇園祭影響，居民會在自已家裡展示屏風及一些文化財，並舉辦山車、神樂、太鼓、獅子舞等神事藝能活動，是福井縣指定的無形文化財之一。

神社本殿。

福井県小浜市小浜男山 9

0770-52-1935

從 JR 小濱車站步行約 12 分鐘。

1 放生祭華麗的山車。
2 當地居民齊聚舉辦神事活動。
3 獅子舞。

到小濱吃什麼？

若廣

若廣是小濱有名的壽司專賣店，本店就在若狹漁人碼頭旁。不過這裡的壽司並非常見的握壽司，而是棒壽司和箱壽司。

傳統的鯖魚壽司是在醋飯上放上用醋淺漬的鯖魚，再用竹葉包裹成棒壽司，是一年四季和各大祭典都不會缺席的傳統料理。近年更流行將鯖魚用火炙烤，做成烤鯖魚壽司，香氣濃郁誘人的鯖魚油脂加上烤成金黃色的外皮，引人食欲大開。青魚類特有的魚腥味經火烤後被消除，就算第一次嘗試鯖魚壽司的人，也可以輕易接受的味道。店內販賣外帶用的烤鯖魚壽司，可以外帶到飯店或電車上享用。

1 烤鯖魚壽司。

2 壽司相當方便外帶。

福井県小浜市川崎 1-3-5

0770-53-3844

9：00～17：30

烤鯖魚壽司 ¥1080；傳統鯖魚壽司 ¥1512。

JR 小濱車站出發，步行約 10 分鐘。

wakahiro.jp/

東小濱

和小濱相隔一站的東小濱可說是神社寺院的集中地，擁有許多國家指定重要文化財，若對神社或寺院有興趣，絕對會在東小濱流連忘返。東小濱的移動方式和小濱相同，各景點距離不近不遠，租自行車最方便。

交通資訊

從京都、大阪出發，搭至敦賀站後，轉搭 JR 小濱線至東小濱車站下車。車程約 2 ～ 3 小時。

自行車出租中心（JR 東小濱站內）
☎ 0770-56-1132
🕘 9：00 ～ 17：00
$ ¥300（2 小時）、¥500（4 小時）、¥1000（8 小時）

行程推薦

3 小時自行車路線：東小濱車站→若狹姬神社→萬德寺→若狹彥神社→國分寺→若狹歷史博物館→若狹之里公園→東小濱車站

1

若狹歷史博物館、若狹之里公園

若狹歷史博物館的前身是一九八二年開館的「福井縣立若狹歷史民俗資料館」，二〇一四年七月大幅變更常設展示後，變成現在的福井縣立若狹歷史博物館。若狹歷史博物館主要是收集、保管、展示若狹地區的佛像、祭典、歷史資料等五個主題常設展及不定期企畫展，可在此深度探索若狹地區的歷史軌跡。

若狹之里公園就在博物館旁，這座公園和民俗資料館為同時期設置，園內有以若狹灣的溺灣式海岸線為設計元素的庭園，並有涼亭及古民家可以小憩，很適合悠閒散步。

1 公園內的庭園以溺灣為設計元素。
2 古代民居外觀。
3 內部展示若狹歷史文物。

3

2

- 福井県小浜市遠敷 2 丁目 104
- 0770-56-0525
- 9：00 ～ 17：00（最後入場時間 16：30）；年末年初公休、不定休。
- ¥300
- 從 JR 東小濱車站步行約 7 分鐘。
- wakahaku.pref.fukui.lg.jp/

若狹國的一之宮

姬神社：福井県小浜市遠敷 65-41
彥神社：福井県小浜市竜前 28-7
0770-56-1116
從 JR 東小濱車站步行約 10 分鐘到姬神社；步行 30 分鐘到彥神社。

創建於七二一年，是若狹地區社格最高的古老神社。若狹國的一之宮共有兩處，一是位於JR東小濱車站的「若狹姬神社」；一處是離東小濱車站兩公里遠的「若狹彥神社」。兩間神社的主祭神是被記載於《古事記》和《日本書紀》中的夫婦神祇，若狹彥神社供奉丈夫山幸彥，若狹姬神社供奉妻子豐玉姬命，因此一般稱彥神社為上社，姬神社為下社，他們是海上安全及漁獲豐收的守護神，是地方人民的重要信仰。

姬神社本殿旁有高三十公尺、樹齡約五百年的古杉矗立，如同七隻刀的枝根向天際延伸，被福井縣指定為天然紀念物，是小濱居民的驕傲。

彥神社同樣位於被古木巨林包圍的地方，是北近畿的一之宮中氣氛最神祕的神社。其最有名的是每年三月十二日，在奈良東大寺二月堂的修二會（御取水）舉行前，原若狹彥神社別當寺的神宮寺會先於三月二日舉行「御送水」，是連結若狹和奈良的古老祭典起源地。

4

3

1 彥神社本殿被樹林圍繞，氣氛神祕。
2 通往彥神社的參道古木參天。
3 姬神社本殿旁有樹齡五百歲的古杉樹。
4 姬神社離車站較近。

1

若狹國分寺

此為在聖武天皇的詔命下所建造的寺院之一，本尊供奉釋迦如來。建立當時的寺院領地規模不小，約有四萬平方公尺。律令制度崩壞後，少了國家財政支援許多地方的國分寺被廢，若狹國分寺的規模也隨之縮小許多，目前境內只剩釋迦堂及藥師堂兩幢建築物。若狹國分寺境內有一座直徑約四十五公尺的圓形古墳，在寺領內存在巨大古墳，是很少見的特殊例子。

現在國分寺周邊整理成可自由參觀的古蹟公園，雖然創建當時的建築物已全數不存在，但國分寺周圍仍可見當時建築物留下的基壇，供後人想像當時繁盛的模樣。

1 國分寺境內大多只剩遺跡。
2 釋迦堂是僅存的建築之一。
3 寺領地內存在古墳相當少見。

- 福井県小浜市国分 53-1
- 0770-56-2519
- 9：00～17：00；12 月～2 月參拜需事前預約。
- 佛像參拜 ¥400
- 從 JR 東小濱車站步行約 15 分鐘。

萬德寺

原名極樂寺，江戶時代才改名為萬德寺，本尊供奉的阿彌陀如來是國家指定重要文化財，這裡也是小濱八古剎之中，唯一擁有國家指定名勝庭園的寺院。

江戶時代建造的書院屋頂是頗具特色的茅草屋頂，而書院前方的枯山水庭園也是江戶初期庭園風格，大片白砂後方配置象徵本尊的巨石，巧妙與後方山坡的景色相互輝映。萬德寺的景致以初夏的新綠及深秋的楓紅最為有名，更入選日本紅葉百選之一。不過此處距車站有段距離，如要前來，在東小濱車站租腳踏車比較方便。

1

3

2

1 書院是頗具特色的茅草屋頂，前方為枯山水庭園。
2 枯山水後的巨石象徵本尊。
3 夏天的庭園染上一片青綠。
4 從書院內往外望，別有一番景致。

福井県小浜市金屋 74-23
0770-56-2308
8：30 ～ 17：00
大人 ¥400；小學生以下 ¥200。
從 JR 東小濱車站步行 30 分鐘，騎自行車約 15 分鐘。

敦賀

福井縣位於近畿與北陸的交界處，以敦賀為中心，分為嶺北與嶺南兩大區域。嶺北地區是古時候的越前國，嶺南則是若狹國，在明治時代「廢藩制縣」後才合成福井縣。現在雖同屬一個縣，但基本上還是和古時候一樣，兩個地方的生活習慣或方言都差異甚大，若狹一帶和關西地區的習慣比較相近。臨海的敦賀除了海運之外，也是連接北陸與近畿的高速公路、鐵路的交通要口，地理位置十分重要。

交通資訊

從大阪、京都出發，搭乘往敦賀的「特急 THUNDERBIRD 號」至敦賀站下車，車程約 1.5 小時。搭乘一般列車，車程約 2 小時。

循環敦賀周遊巴士（ぐるっと敦賀周遊バス）
敦賀市內巴士一次乘車費用為 ¥200，如果計畫到敦賀逛 2 個點以上，一日券是不錯的選擇。

- 直接在循環巴士上購買。
- 每天 6 個班次，假日加開 3 班次，一共 9 個班次
- ¥500
- 敦賀站前（敦賀駅前）→氣比神宮前→相生町通（相生町通り）→松原公園→水產卸賣市場（水産卸売市場）→金崎綠地（金ヶ崎緑地）→紅磚倉庫前（赤レンガ倉庫前）→金崎宮→中池見口→小牧魚板（小牧かまぼこ）→ Rira Boat（リラ ボート）→ Athome（アットホーム）→昆布館→日本海 Sakasa 街（日本海さかな街）→ Newsunpia 敦賀（ニューサンピア敦賀）→敦賀站前（敦賀駅前）
- @ www.turuga.org/category/access/gurutto.html

行程推薦

5 小時循環巴士路線：敦賀站前→氣比神宮→松原公園→紅磚倉庫→敦賀站前

氣比神宮

氣比神宮是敦賀最著名的觀光景點之一，據說最早建於七〇二年，以前是越前國一之宮，主祭神是在日本最古老史書之一《古事記》中登場的氣比大神（御食津大神），歷史悠久。因位居海陸交通要地，自古即被日本朝廷所重視，為「北陸道總鎮守」，地位相當崇高。

曾被指定為國寶的本殿及其他社殿大多在二戰的空襲中燒盡，但入口的大鳥居很幸運的免於戰火、保存至今。建於一六四五年的大鳥居高

近四百年歷史的大鳥居相當顯眼。

- 福井県敦賀市曙町 11-68
- 0770-22-0794
- 6：00～17：00
- 從 JR 敦賀站步行約 15 分鐘；或搭乘市內巴士至「氣比神宮前」下車。
- kehijingu.jp/

約十一公尺，是日本三大木造鳥居之一，也是國家指定重要文化財。

境內的長命水據說是創建當時突然湧出的泉水，至今已經超過一千三百年，是有名的能量點之一。

1 本殿曾在二戰時期被摧毀。
2 長命水。
3 氣比神宮境內頗具氣氛。

晴明神社

位於敦賀市街地中、氣比神宮附近，境內不大，但據說大陰陽師安倍晴明曾在此地研究天文、地理及陰陽學。祭壇下有塊六角形的「祈念石」，是安倍晴明拿來占卜用的。不過可惜的是裡面平常不公開，想要進入參觀需提前數天與觀光協會聯繫。

晴明神社前的博物館路（博物館通り）在每個月的第三個週日會有「晴明早市（晴明の朝市）」，販賣蔬果、食料、日用品和花草等，非常熱鬧。

1 安倍晴明曾在敦賀研究天文、地理及陰陽學。
2 晴明神社獨有的五芒星繪馬。

福井県敦賀市相生町 8
0770-22-8167
8：00 ～ 17：00
從 JR 敦賀站步行約 20 分鐘；或搭乘市內巴士至「山車会館」下車後，步行約 3 分鐘。

氣比松原

與靜岡的三保松原、佐賀的虹之松原並列日本三大松原，緊臨日本海的氣比松原擁有長一．五公里、寬四百公尺的松樹林，約有二十餘種、一萬七千棵左右的松樹，因此入選為日本白砂青松百選、日本名松百選、國家指定名勝等。

松原內的散步道整備完善，是享受森林浴的好所在，夏天則開放成為海水浴場，每年都吸引大批旅客前來，是福井縣內重要的觀光地之一。

和京都府的宮津市一樣，在八月十六日晚上會舉行流水燈籠及煙火大會，這可是期間限定的夢幻美景，想觀看要提早做好規畫準備。

1 氣比松原為日本三大松原之一。
2 松原與海相鄰。
3 可看到清澈的日本海。

福井県敦賀市松島町
搭乘市內巴士至「松原公園」下車。

敦賀紅磚倉庫

位於敦賀港東側的紅磚倉庫（赤レンガ倉庫）建於一九〇五年，至今超過一百年，是國家指定文化財。

紅磚倉庫在福井縣很少見，敦賀的紅磚倉庫用途與舞鶴不同，一開始是用來當石油儲存庫，近年通過避震結構審查後，二〇一五年十月正式開放對外營運。現在紅磚倉庫內有三間餐廳及一座大型的懷舊立體透視模型。

這座長二十七公尺、寬七・五公尺的大型懷舊立體透視模型，是日本最大規模的立體模型之

1

一，以明治、昭和時期的敦賀為背景，可看見玩具火車、汽船，還結合電影演出，重現當時繁盛的國際都市景觀，是敦賀紅磚倉庫最大的看點。

福井県敦賀市金ケ崎町 4 番 1
0770-47-6612
9：30 ～ 17：30（最後入館 17：00）。
大人 ¥400、小學生以下 ¥200（不含其他現場體驗費用）。
搭乘市內巴士至「赤レンガ倉庫前」下車。
tsuruga-akarenga.jp/

1 敦賀的紅磚倉庫以前為石油儲存庫。
2 改建後設有餐廳。
3 大型立體透視模型呈現古早的生活樣貌。

2

3

松本零士與敦賀

從敦賀車站前一直延伸到氣比神宮的路上，可看到日本知名漫畫家松本零士的代表作《銀河鐵道999（銀河鉄道999）》、《宇宙戰艦大和號（宇宙戰艦ヤマト）》的銅像並排在街道兩側。一般來說，會放置知名漫畫家作品的地方，大多是漫畫家的出身地或與作品有重要連結，不過其實松本零士與敦賀並無直接的交集，而是敦賀市想結合敦賀的特色「鐵道」與「港口」，特地請畫「鐵道」與「船艦」主題的松本零士幫忙。

目前《銀河鐵道999》系列共有十六座、《宇宙戰艦大和號》則有十二座銅像佇立於敦賀市之中。從敦賀車站散步到氣比神宮的時候，別忘了看一下這些可愛有趣的作品。

1 宇宙戰艦大和號。

2 銀河鐵道 999。

到敦賀吃什麼?

醬汁豬排丼

醬汁豬排丼(ソースカツ)是將豬肉裹上麵包粉、炸得酥脆後,淋上獨家配方的伍斯特醬汁,酸酸甜甜的味道不但消除了油膩的油炸味,也讓人食欲大開,成為福井縣最具代表的平民美食。

據說發明這種吃法的就是「歐洲軒(ヨーロッパ軒)」的第一代老闆高畠增太郎,他留歐回日後,研發出獨家配方的醬汁。

歐洲軒在敦賀有五間分店,總本店位於福井市的市役所附近,來到福井或敦賀,別錯過這個受到在地人喜愛的美味。

1 平民美食醬汁豬排丼。
2 也有炸蝦丼。

本店:福井県敦賀市相生町 2-7
0770-22-1468
豬排丼(かつ丼)¥800
從 JR 敦賀站步行約 20 分鐘;或搭市內巴士至「相生町通り」下車後,步行約 3 分鐘。
yo-roppaken.gourmet.coocan.jp/

更進一步

三方五湖

位於小濱和敦賀之間的三方五湖，是福井縣嶺南地區最著名的觀光地。

三方五湖指三方湖、水月湖、菅湖、久久子湖、日向湖等五個湖的總稱，這裡是國家指定名勝、若狹灣國定公園、拉薩姆公約濕地保護處。湖的周圍種有福井重要的農作物——梅樹，每年二月中旬到三月中旬左右，隨處可見到盛開的梅花。

來到三方五湖，可乘船遊覽湖面風光，也可登上三方五湖彩虹線（三方

1

1 從彩虹線展望所眺望三方五湖。
2 不同角度的湖景變幻萬千。
3 最高點梅丈岳。
4 和合神社正面。

五湖レインボーライン）展望臺，一覽五湖美景。五座湖由於海水、淡水的比例各不相同，從遠處眺望可以發現湖水的顏色略有差異。展望臺最高點是海拔三百九十五公尺的梅丈岳展望公園，可從彩虹線第一停車場前搭乘登山吊椅或纜車上山，山頂公園還有多項設施，讓旅客不只是看景，也能享受其他不同的體驗。

一旁的和合神社最特殊之處在於有南、北兩面拜社，兩方可同時參拜，也就是一社兩拜。據說情侶、夫婦、親子來這裡一起參拜，就可以獲得圓滿。因此，這裡可說是戀人的聖地之一，除了有「戀人聖地」的石碑，隨處也可看到鎖在鍊上的情人鎖，展望臺內還有一個特大的誓言鎖，相當醒目。

展望臺和丟擲瓦片在日本就像戀人一

般的存在，同時出現的機率很高，因此彩虹線山頂公園也不免俗的可以丟瓦片。日本長壽漫畫、卡通《海螺小姐（サザエさん）》中，海螺小姐也曾來這裡丟瓦片。

不過想要欣賞三方五湖美景，交通有點令人頭疼，因為這裡無法搭乘大眾交通工具前來，而且無論是遊湖乘船處或山頂展望臺都離車站有段距離，若計畫前來，自駕是最方便的。

1

2

1. 背面也可參拜。
2. 戀人聖地石碑。
3. 情侶紛紛在此鎖下誓約。
4. 巨大的情人鎖。
5. 瓦片上繪有天狗。
6. 登山纜車與吊椅。

- 福井県三方上中郡若狭町気山 18-2-2
- 0770-45-2678
- 山頂公園 8：30 ～ 16：30，六、日、國定假日、夏季期間有延長；12/29 ～ 1/1 公休。
- 來回纜車（或登山吊椅）¥800
- 從 JR 氣山站搭計程車約 15 分鐘。
- www.mikatagoko.com/

來三方五湖住哪裡？

虹岳島莊

面向水月湖而建的祕湯溫泉旅館——虹岳島莊，客房是古民家改建，總共二十五間客房均可看到湖景，布置也各異其趣。

進入虹岳島莊後，映入眼簾的是大面玻璃窗及窗外美麗的湖景，開放感十足。晚餐可品嘗到從日本海捕獲的新鮮漁獲，會席料理相當豐富；冬季則可吃到當季河豚和松葉蟹。溫泉有室內和露天兩種，雖然露天溫泉不算大卻是源泉，溫泉品質相當好。

服務雖不如高級旅館一樣處處到位，但收費不算高，加上美景、美食、祕湯溫泉一樣不少，是十分令人滿意的日式旅館體驗。

🏠 福井縣三方上中郡若狹町氣山（切追）334-1-8
📞 0770-45-0255
$ 一泊二食 ¥14000 起。
🚗 從 JR 氣山站搭計程車約 10 分鐘，或事先向旅館預約免費接駁車。
@ wakasa-resort.jp/

3

4

1 虹岳島莊緊臨水月湖而建。
2 晚餐可品嘗從日本海捕獲、新鮮的會席料理。
3 溫泉為源泉，品質相當好。
4 令人難忘的日式旅館風情。

熊川宿

地名最後有個「宿」一字的，通常是以前的宿場，也就是驛站或休息站。據說熊川最早是鎌倉時代時開發為檢查、監視用的關所，到了淺野長政擔任小濱城城主時，對此地發布諸役免除的命令，奠定發展基礎。進入江戶時代後，成為以人力及馬匹租賃調借的問商（大盤商）聚集地，最盛期大約有兩百戶人家居住在這裡。

位在日本文化遺產「御食國若狹與鯖魚街道」範圍內的熊川宿，是鯖魚街道上重要的宿場，也是將小濱的鯖魚運往京都的中繼站。長約一公里的街道上，仍可感受到江戶時代的宿場氣氛，是國家指定的重要傳統建造物群保存地區、水鄉百選。來到熊川宿，除了鯖魚壽司不可錯過，葛切、葛餅等葛粉做成的甜點也相當美味。

熊川宿和伊根類似，屬於非傳統觀光地的小村落，只是一個近山、一處靠海。來到這裡，最主要是放慢步調閒逛，感受江戶時代的老街氣氛。熊川宿另一個特徵是水道「前川」貫穿整個住宅區，有別於以舟船為主的水鄉，氣氛獨具一格。

交通資訊

從小濱或東小濱出發，搭乘西日本 JR 巴士往「近江今津」的「若江線」，於「若狹熊川」下車。車程約 40 分鐘，從東小濱出發則是 30 分鐘。

如果只想到熊川宿，沒有要去北近畿其他區域，也可從京都出發。乘坐 JR 湖西線到「近江今津」下車，轉搭往「小浜」的「若江線」巴士，同樣在「若狹熊川」下車，車程大約 1.5 小時。持關西廣域鐵路周遊券可免費搭乘這個 JR 巴士喔！

@ 西日本 JR 巴士：www.nishinihonjrbus.co.jp/local_bus/

熊川宿：kumagawa-juku.com/

舊逸見勘兵衛家住宅

位在熊川宿中間位置的舊逸見勘兵衛家住宅，是江戶時代後期所建的傳統式町家建築，改修完成後於一九九八年對外公開，外觀保留當時的樣子，內部則改裝成較現代化的生活空間。現在這裡由地方團體營運，一樓是可吃甜點的「勘兵衛茶屋」、二樓則是町家民宿「熊川宿勘兵衛」，非住宿的旅客也可付費進入參觀。

1 一樓可以吃甜點、休息。
2 雖然內部已有現代化改裝，但還是頗有古早氣氛。

福井縣三方上中郡若狹町熊川 30-31
0770-62-0800
內部開放：週一、四、六、日、國定假日的 10：00 ～ 16：00。茶屋：週六、日、國定假日的 10：00 ～ 15：00、冬季 10：00 ～ 15：00；不定休。
大人 ¥100、中學生以下免費。
從「若狹熊川」巴士站步行約 5 分鐘。
kumagawa-juku.com/index02b5.html

宿場館

建於一九四〇年的宿場館原本是熊川宿的公所，共有兩層樓，玄關為洋式風格，建築外觀頗具份量感。宿場館在一九九七年重新整修後，一樓有熊川宿及鯖魚街道的簡單介紹和村長室，二樓的展示空間則陳列道具、照片及文物，雖然資料只有日文介紹，但光是欣賞頗具歷史重量的文物，也頗有氣氛。

福井縣三方上中郡若狹町熊川 30-4-2

0770-62-0330

9：00 ～ 17：00（4 月～ 10 月）、9：00～16：00（11 月～ 3 月）；週一、國定假日隔天、12/28 ～ 1/4 公休。

大人¥200、中學生以下免費。

從「若狹熊川」巴士站步行約 5 分鐘。

1 宿場館外觀頗為氣派。

2 內部展示許多文物。

到熊川宿吃什麼？

Marushin

位在熊川宿中心的餐飲店Marushin（まる志ん），專賣熊川宿名產的鯖魚及葛粉料理、甜點，也有種類豐富的土產。

這裡的建築是以約一百七十年前的古民家改裝而成，外觀是江戶商家的厚重風格，為熊川宿代表建築之一。店外掛著一面茶色大暖簾，古風十足，店內和式的用餐空間，讓人有如走入時代劇一般，有著濃濃懷舊感。

甜點的葛餅和葛切都是在客人點餐後才開始製作，雖然需要等待一些時間，但現做葛餅的透明度和軟Q滑嫩的口感，令人一嘗難忘。除了葛粉類甜點，也可品嘗加入葛粉的葛蕎麥麵或葛烏龍麵等料理。

1

2

3

1 葛餅軟 Q 滑嫩，新鮮現做。
2 葛切也是現點現做。
3 試試看葛蕎麥麵的特殊口感吧。

福井縣三方上中郡若狹町熊川 39-11-1
0770-62-0221
9：00 ～ 17：00（最後點餐 16：30）；不定休。
葛餅 ¥600、葛切 ¥800。
從「若狹熊川」巴士站步行約 2 分鐘。
www1.kl.mmnet-ai.ne.jp/~marushin/

來熊川宿住哪裡？

熊川宿勘兵衛

位在舊逸見勘兵衛家住宅二樓，共有三間房間，為衛浴及生活空間共用的町家民宿。因為是由地方團體經營，附近的媽媽們會每天輪班前來煮飯，料理都是福井常見的家庭料理，雖簡單樸素，卻很有媽媽的味道。

這裡目前只接受電話預約，不會日文的朋友要順利入住可能需要一番交涉。另外，民宿旁的河流水勢較急，入夜後水流聲響較大，晚上容易睡不著的話可能也不適合入住。

1

1 舊逸見勘兵衛家住宅二樓可體驗住宿。
2 早餐樸素美味。
3 由當地的主婦媽媽煮的簡單晚餐。

- 福井縣三方上中郡若狹町熊川 30-31
- 080-6359-0808
- 住宿 ¥5500（一人入住需多加 ¥1000），含早、晚餐另加 ¥2500。
- 從「若狹熊川」巴士站步行約 5 分鐘。
- kumagawa-juku.com/index02b5.html

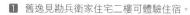

特別收錄

滋賀縣 長濱市

臨湖的都市長濱位於滋賀縣，為福井縣的鄰縣，同樣可利用JR關西廣域周遊券走訪，若行程安排得宜，到長濱市走走也不錯。

長濱乃是太閤豐臣秀吉嶄露頭角之地，這裡自古連接中山道與北陸路，往來人潮眾多，文化交流興盛，現在也發展成標準的城下町型態觀光地。而且此區除了竹生島，絕大多數景點均可步行到達，不用坐車移動，相當方便。

1 長濱街道古色古香。
2 大通寺內一隅。

1

交通資訊

從大阪、京都出發，搭乘 JR 東海道本線的新快速列車至長濱站下車，從大阪出發車程約 1.5 小時，從京都出發車程約 1 小時。

長濱浪漫護照（長浜浪漫パスポート）

這本護照可在長濱主要的 15 個觀光設施中選擇 5 個地方使用，最多可省下 ¥2000。想要好好探索長濱各個景點，不用懷疑，這本護照絕對是好選擇！

🔒 長濱車站觀光諮詢處及各配合設施。

$ ¥1000

@ kitabiwako.jp/nagahama/

行程推薦

4 小時散步路線：長濱車站→黑壁廣場→海洋堂模型玩具博物館黑壁→大通寺→長濱城→長濱鐵道廣場→慶雲館→長濱車站

6 小時完整路線：長濱車站→長濱城→竹生島→長濱鐵道廣場→慶雲館→黑壁廣場→海洋堂模型玩具博物館黑壁→大通寺→長濱車站

古色古香的長濱除了長濱城、竹生島、黑壁廣場、大通寺等景點，還有令所有御宅族無法抗拒的海洋堂也在這裡。

三大和牛之一的「近江牛」料理和鄉土料理「鯖魚壽麵（さばそうめん）」是這裡有名的在地料理，值得品嘗看看。

1

黑壁廣場

位於長濱車站附近的北國街道與大手門通交接處，是長濱最具代表性的觀光景點之一。黑壁廣場如同其名，附近保留許多黑石灰外壁（黑漆喰）的老建築，非常具有歷史風情，最有名的是黑壁一號館的「黑壁玻璃館（黑壁ガラス館）」。

建於一九〇〇年明治時期的黑壁玻璃館前身為銀行，外觀是當時較少見的木造歐風，一九八九年改裝成黑壁玻璃館，重新與世人見面。專門販賣收集自世界各國的玻璃製品，也可報名參加體驗教室，製作獨一無二的玻璃飾品。

以黑壁玻璃館為中心，還有藝廊、餐廳、咖啡店等數棟黑壁建築，完美結合成傳統與現代交會的城下町。

1 一號館前身為銀行，外牆以黑石灰建成。
2 一號館現在改為玻璃館，裡面有許多玻璃藝術品。
3 五號館內販賣甜點、咖啡。
4 北國街道附近有好幾棟黑壁建築可一一探尋。

滋賀縣長浜市元浜町 12-38
0749-65-2330
10：00～18：00
從 JR 長濱站步行約 7 分鐘。
www.kurokabe.co.jp/

海洋堂模型玩具博物館・黑壁

如果喜歡模型玩具，一定對「海洋堂」三個字非常熟悉！長濱這間以海洋堂模型為主題的「海洋堂模型玩具博物館黑壁（海洋堂フィギュアミュージアム黑壁）」，是海洋堂粉絲絕不能錯過之處。光是門口放著等身大的《北斗神拳》主角拳志郎（ケンシロウ）和特攝電影的大魔神，就足以讓粉絲快門按不停了吧！這個與眾不同的博物館吸引了無數海內外的模型愛好者前來朝聖，成功創造出新商機，帶動地方活絡。

這間模型玩具博物館共有兩層樓，一樓有海洋堂模型販賣區、扭蛋區及一小部分模型展示區，二樓需要付費進入，主要展示從以前到現在的種類眾多的食玩，以及

電玩人物模型，比一樓更多了歷史感和珍貴性，不過展示品並沒有多到令人眼睛為之一亮的境界，若沒有購買長濱浪漫護照，也可以跳過二樓付費區。

滋賀縣長浜市元浜町 13-31

0749-68-1680

4/1 ～ 10/31	10：00 ～ 18：00（最後入館 17：30）
11/1 ～ 3/31	10：00 ～ 17：00（最後入館 16：30）

$ 二樓展示區大人 ¥800、小孩 ¥500，適用長濱浪漫護照。

從 JR 長濱站步行約 7 分鐘。

@ www.ryuyukan.net/

3

2

1 一樓販賣許多公仔模型。
2 二樓付費區能看到很多珍貴的模型。
3 海洋堂就位於熱鬧的商店街內。

長濱市曳山博物館

每年四月舉行的「長濱曳山祭」是長濱最重要的祭典，與日本其他地方的山車祭典一起以「山・鉾・屋臺行事」被登錄為世界無形文化遺產。十五座裝飾華麗的山車熱鬧於市街上繞行，被稱為「移動的美術館」。並以曳山當作舞臺，當地小朋友會上去進行歌舞伎演出。

二〇〇〇年開館的曳山博物館就是展出這個曳山重要文化的地方，館內除了介紹歷史，更展示出兩臺實際有在使用的山車，讓沒有看過長濱曳山祭的旅客也能欣賞到絢爛豪華的山車。

1 博物館內部可看到長濱曳山祭的歷史。
2 山車舞臺實物模型。

- 滋賀縣長浜市元浜町 14-8
- 0749-65-3300
- 9：00 ～ 17：00（最後入館 16：30）；12/29 ～ 1/3 公休。
- 大人 ¥600、小孩 ¥300，適用長濱浪漫護照。
- 從 JR 長濱站步行約 7 分鐘。
- www.nagahama-hikiyama.or.jp/

大通寺

東本願寺（真宗大谷派）的別院，一般稱「長濱御坊」，本尊供奉阿彌陀如來。大通寺收藏保存了許多國家或縣市指定的文化財，據說本堂和大廣間就是從伏見城移築而來，因此依稀可見安土桃山時代豪華絢爛的氣息。

客殿內有圓山應舉及狩野山樂等江戶時代大繪師的屏風繪畫作品，客殿外的枯水山借景庭園「含山軒庭園」、鑑賞式池泉庭園「蘭亭庭園」是江戶時期庭園，被國家指定為名勝。

大通寺可看的地方不少，且屏風繪畫等文化財也沒有過多限制，可近距離欣賞這些美麗作品，實在不容錯過。

本堂據說是從伏見城移築而來。

1

2

1 大廣間也有安土桃山時代的風格。
2 含山軒庭園以枯水山借景。
3 蘭亭庭園是鑑賞式池泉。
4 色紙屏風。
5 大通寺從景色到文物都相當豐富。

滋賀縣長浜市元浜町 32-9
0749-62-0054
9：00 ～ 16：30；年末年初公休。
大人 ¥500、中學生 ¥100、小學生以下免費，適用長濱浪漫護照。
從 JR 長濱站步行約 15 分鐘。
www.daitsuji.or.jp/daitsuji

長濱城

長濱城是在戰國末期時，由羽柴秀吉（之後的豐臣秀吉）所建，建築樣式是平城式城郭。由於長濱城位處交通要塞，豐臣秀吉在這裡實施可以自由貿易的「樂市・樂座令」後，成為工商業發達的城下町。

江戶初期廢城之後，現在的天守是在西元一九八三年復原，成為歷史博物館，共有五個樓層。二、三樓介紹長濱與豐臣秀吉相關的歷史及文物，四樓是茶室，最上方五樓的天守設有展望臺，可以眺望琵琶湖和長濱市區。

長濱城周邊植有約八百棵櫻花，不僅是琵琶湖北部有名的賞櫻地，也名列日本櫻花百選中。若計畫春櫻時期來訪，可與彥根城安排在同一天，一次欣賞兩個著名的櫻花名所。

1 長濱城是豐臣秀吉所建。
2 天守一邊能看到琵琶湖景色。
3 天守另一頭則可眺望市區。

滋賀縣長浜市公園町 10-10
0749-63-4611
9：00 ～ 17：00（最後入館 16：30）；
12/27 ～ 1/2 公休。
大人 ¥400、中～小學生 ¥200，適用長濱浪漫護照。
從 JR 長濱站步行約 3 分鐘。
www.city.nagahama.shiga.jp/section/rekihaku/

長濱鐵道廣場

長濱車站附近一共有舊長濱車站、長濱鐵道文化館、北陸線電化紀念館三個設施，統稱長濱鐵道廣場（長浜鉄道スクエア）。廣場入口處有展示一個鐵路轉轍器，這個轉轍器從開業的一八八二年開始，大概使用了八十年左右，是日本歷史最悠久的鐵路轉轍器，喜歡日本鐵道的朋友不可錯過。

舊長濱車站保存了第一代的長濱車站，於一八八二年所建，是日本最古老的車站之一，外觀是當時日本少見

1

滋賀縣長浜市北船町 1-41
0749-63-491
9：30～17：00（最後入館 16：30）；12/29～1/3 公休。
大人 ¥300、中～小學生 ¥150，適用長濱浪漫護照。
從 JR 長濱站步行約 5 分鐘。
@ kitabiwako.jp/tetsudou/

的歐風建築樣式，可看到日本剛接觸西方文化的一些變化。

長濱鐵道文化館則呈現了長濱鐵道史，可在這裡學到鐵路的歷史。館內還忠實重現長濱車站附近的立體透視模型，能清楚了解鐵道與車站的樣子，並自己實際操作這個鐵道模型。

北陸線電化紀念館內展示了日本現存唯一的「ED70形1號機交流電車機關車」與「D51形793號蒸氣機關車」，不只能近距離欣賞，二樓也有展望臺可以從上面看這兩輛珍貴的火車。

1 舊長濱車站是日本最古老車站之一。

2 內部保留以前模樣。

3 日本歷史最久的鐵路轉轍器。

4 ED70形 1 號機交流電車機關車。

5 D51形 793 號蒸氣機關車。

慶雲館

一直到二〇〇四年才全面對外公開的慶雲館，是一八八七年明治天皇行幸（日本天皇出訪地方視察）京都，經由水路到達長濱時的行宮之處。

這裡含庭園在內占地約六千平方公尺的建築，是當時的富商淺見又藏投入私財所建，據說慶雲館的名字是由第一代總理伊藤博文所命名。於行幸二十五週年紀念時所打造的庭園，則出自造庭名師第七代小川治兵衛之手，借景後方的伊吹山，庭園開放感和立體感極佳，被指定為國家名勝。

慶雲館二樓主要展示當時明治天皇在此休息的空間，從天皇的玉座往外眺望，可遠眺伊吹山和琵琶湖。可惜現在窗外有高樓和電線杆擾亂，讓原本的美景少了一些魅力。

另外，慶雲館在每年一月上旬到三月上旬會舉辦「長濱盆梅展」活動，三百盆左右的盆梅會依花況對外公開展示，其中甚至還有樹齡四百年的古樹或高達三公尺等罕見的盆梅，是日本盆梅展之中歷史最久、規模最大，為長濱代表的展示活動。

1 慶雲館是天皇出巡時的行宮。

2 二樓是當時明治天皇休息的空間，保留了當時的玉座。

3 庭園設計被指定為國家名勝。

4 從二樓往外看的景色。

滋賀縣長浜市港町 2-5

0749-62-0740

9：30 ～ 17：00（最後入館時間 16：30）；
盆梅展期間 9：00 開始。

大人 ¥300、中～小學生 ¥150，適用長濱浪漫護照；
盆梅展期間大人 ¥500、中～小學生 ¥200。

從 JR 長濱站步行約 5 分鐘。

www.kitabiwako.jp/keiunkan/

竹生島

西元七二四年時，行基和尚奉聖武天皇的敕命來到竹生島開基，成為西國三十三巡禮所的第三十號禮所「寶嚴寺」所在地，自古受到民眾信仰，使得島嶼充滿神祕的氣氛。島上有許多文化財，是長濱代表的觀光景點之一。

竹生島可分三大區域，分別是位於島右側山腰的都久夫須麻神社（竹生島神社）、中間山腰的觀音堂、山頂的本堂弁才天堂。與豐臣家有關的都久夫須麻神社本殿及觀音堂外的唐門被指定為國寶。

建於山面斜坡、連接竹生島神社與觀音堂的「舟廊下」木造空中走廊、供奉千手觀音的「觀音堂」、本堂前的「五重石塔」，都是重要文化財，來竹生島參拜時，絕對不能錯過這幾個欣賞重點。

逛完整個竹生島約需一小時，而來回的船班是每八十分鐘一班，從到達到下次發船為止的時間還算滿充裕。不過來回的船班一天只有五個班次（冬季僅兩個班次），建議最好於午前或中午上島，才不會因為逛太晚而趕不上船班。

1

1 竹生島充滿神祕氣氛。
2 弁才天堂。
3 舟廊下是重要文化財。
4 竹生島神社。
5 竹生島神社前的壯麗海景。
6 三重塔。

滋賀縣長浜市早崎町竹生島
寶嚴寺：0749-63-4410；
琵琶湖汽船 長濱港：0749-62-3390。
以觀光船班次為主，請查詢琵琶湖汽船官網：www.biwakokisen.co.jp/basic/index3.php。
入島費 ¥400；觀光船 ¥ 大人 3,070、學生 ¥2450、小孩 ¥1540，出示長濱浪漫護照打 9 折。
從 JR 長濱站步行 10 分至乘船處，再搭船 30 分鐘。
www.chikubushima.jp/

到長濱市吃什麼？

翼果樓

位於北國街道上的翼果樓，是以兩百年歷史的老商家建築改建，白壁木格子的外觀與北國街道氣氛融為一體，店內還放置不少老家具及古董，座位則是和式榻榻米，氣氛十足。

這裡的招牌料理是鯖魚壽麵。鯖魚壽麵與地方生活及傳統行事息息相關，是琵琶湖北部特有的鄉土料理。鯖魚與壽麵的組合看來雖然有點奇妙，卻意外的相合。壽麵吸收煮鯖魚的湯汁後呈現淡茶色，麵身帶有甜味。切塊的鯖魚給的很大方，從魚身到魚骨均有入味。這裡也可品嘗到用近江牛、近江米、琵琶湖湖魚等在地食材做成的道地鄉土料理。

另外，大手門通上的烏龍麵店「茂美志屋」是翼果樓的姐妹店，如果喜歡烏龍麵，也可試試這間百年老店的滋味。

1

1 翼果樓內部擺設許多古董。
2 建築本體已有兩百年歷史。
3 鯖魚壽麵是招牌料理。
4 鯖魚壽司。

2

4

3

翼果樓

- 滋賀縣長浜市元浜町 7-8
- 0749-63-3663
- 10：30～賣完為止；週一公休。
- 鯖魚壽麵 ¥900。
- 從 JR 長濱站步行約 4 分鐘。
- yokarou.com/

茂美志屋

- 滋賀縣長浜市元浜町 7-15
- 0749-62-0232
- 13：00～19：00；週二公休。
- 烏龍麵 ¥1100。
- 從 JR 長濱站步行約 5 分鐘。
- www.momiji-ya.jp/

麵處 赤鬼

滋賀知名的連鎖拉麵店「麵屋 Jony（麵屋ジョニー）」於二〇一六年八月在長濱的北國街道上開了赤鬼，店外放著一個大大的燈籠及一座端著拉麵的赤鬼像，非常顯眼。

赤鬼主打的拉麵是壽喜燒拉麵「長濱 Black（長浜ブラック）」，長濱一帶的近江牛非常有名，因此赤鬼特別把一般拉麵常用的叉燒換成不常見的牛肉，推出牛肉壽喜燒拉麵，將長濱在地特色發揚光大。

一開始看到拉麵黑濁的湯頭可能會擔心口味太重，不過喝下一口就會發現，口味是偏甜的壽喜燒湯頭，麵條是中直麵，搭配軟嫩牛肉，最後打上一顆生雞蛋，將壽喜燒口味忠實呈現，是相當特殊的拉麵體驗。

壽喜燒口味的拉麵。

- 滋賀縣長浜市元浜町 7-1
- 0749-64-5333
- 11：00～15：00，湯頭用完即結束；不定休
- 長濱黑拉麵 ¥730
- 從 JR 長濱站步行約 3 分鐘。
- www.facebook.com/kurokabe.akaoni/

ACROSS 034

北近畿・最道地的日本：跨出京阪神，深遊關西北部祕境絕景、美食溫泉

作　者—林亦峰
主　編—陳信宏
責任編輯—尹蘊雯
責任企畫—曾俊凱
美術協力—FE設計 葉馥儀
董事長
總經理—趙政岷
總編輯—李采洪
出版者—時報文化出版企業股份有限公司
一〇八〇三　臺北市和平西路三段二四〇號三樓
發行專線：（〇二）二三〇六六八四二
讀者服務專線：〇八〇〇二三一七〇五・（〇二）二三〇四七一〇三
讀者服務傳真：（〇二）二三〇四六八五八
郵撥：一九三四四七二四 時報文化出版公司
信箱：臺北郵政七九～九九信箱
時報悅讀網—http://www.readingtimes.com.tw
電子郵件信箱—newlife@readingtimes.com.tw
時報出版愛讀者粉絲團—http://www.facebook.com/readingtimes.2
法律顧問—理律法律事務所 陳長文律師、李念祖律師
印　刷—詠豐印刷有限公司
初版一刷—二〇一七年七月二十一日
初版二刷—二〇一七年十月二十三日
定　價—新台幣三六〇元
（缺頁或破損的書，請寄回更換）

時報文化出版公司成立於一九七五年。
一九九九年股票上櫃公開發行，二〇〇八年脫離中時集團非屬旺中，
以「尊重智慧與創意的文化事業」為信念。

國家圖書館出版品預行編目資料

北近畿・最道地的日本：跨出京阪神，深遊關西北部祕境絕景、美食溫泉 / 林亦峰 著；
-- 初版 . – 臺北市：時報文化 , 2017.7
面；　公分 . -- (ACROSS; 34)

ISBN 978-957-13- 7059-0(平裝)
1. 旅遊　2. 日本關西

731.7509　　106010815

ISBN 978-957-13-7059-0
Printed in Taiwan

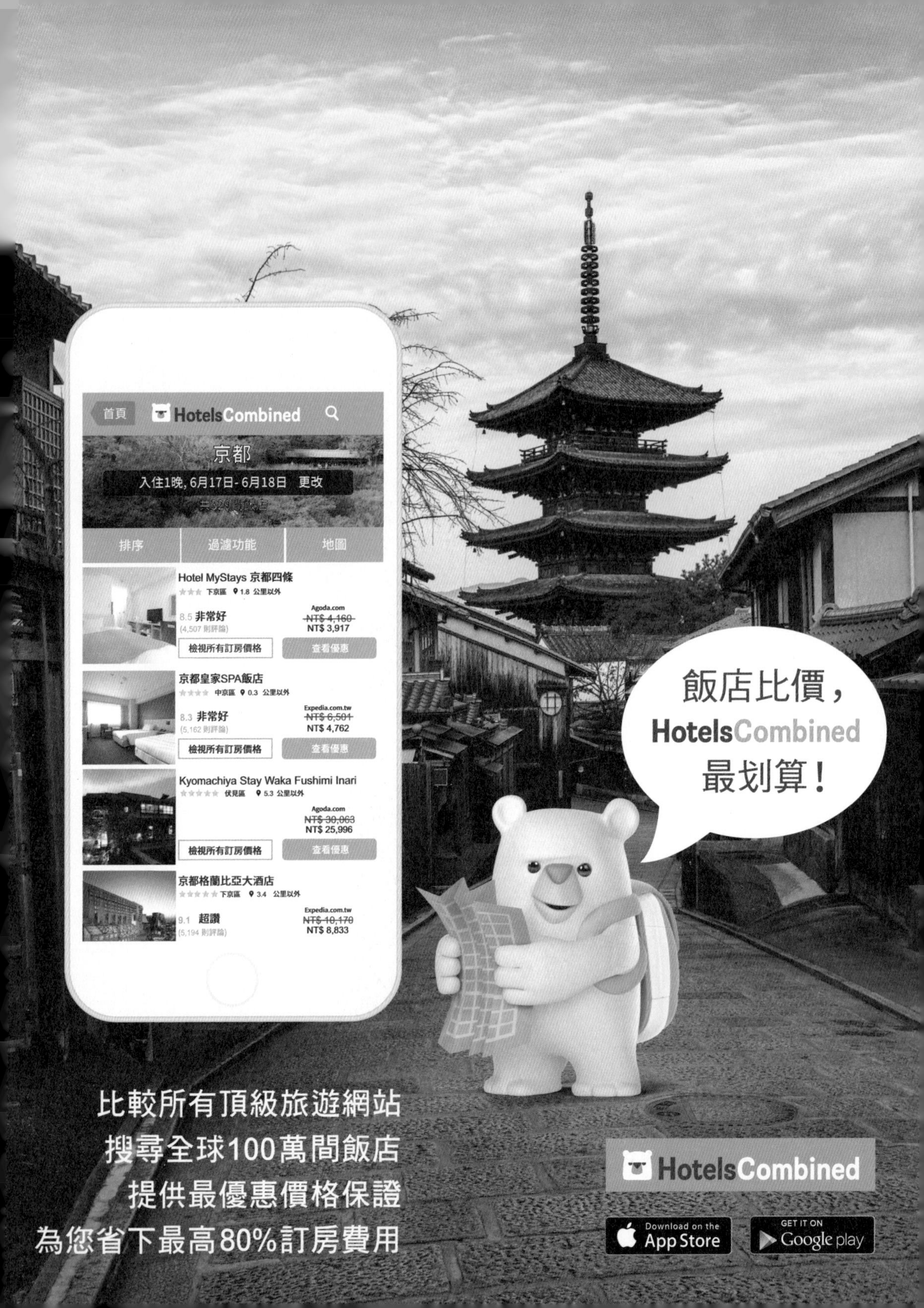
首頁
HotelsCombined
京都
入住1晚, 6月17日 - 6月18日 更改
排序
過濾功能
地圖
Hotel MyStays 京都四條
下京區 1.8 公里以外
Agoda.com
NT$ 4,160
8.5 非常好
(4,507 則評論)
NT$ 3,917
檢視所有訂房價格
查看優惠
京都皇家SPA飯店
中京區 0.3 公里以外
Expedia.com.tw
NT$ 6,501
8.3 非常好
(5,162 則評論)
NT$ 4,762
檢視所有訂房價格
查看優惠
Kyomachiya Stay Waka Fushimi Inari
伏見區 5.3 公里以外
Agoda.com
NT$ 30,063
NT$ 25,996
檢視所有訂房價格
查看優惠
京都格蘭比亞大酒店
下京區 3.4 公里以外
Expedia.com.tw
NT$ 10,170
9.1 超讚
(5,194 則評論)
NT$ 8,833
飯店比價，
HotelsCombined
最划算！
比較所有頂級旅遊網站
搜尋全球100萬間飯店
提供最優惠價格保證
為您省下最高80%訂房費用
HotelsCombined
Download on the
App Store
GET IT ON
Google play